PC前に
置いて学べる

Windows
&Mac
両方に
対応!

大林ひろこ
OBAYASHI HIROKO

パカッと開く

ショートカットキー
&キーボード術

日本能率協会マネジメントセンター

「あなたは Windows パソコンをお使いですか？それとも Mac ですか？」
たとえあなたがどちらを使っていても、この一冊で主要なショートカットキーを学ぶことができます。

　日本では Windows ユーザーが全体の 7 割以上を占める一方で、Mac ユーザーは 2 割未満という統計があります※。そのため、Window に比べて Mac のショートカットキーを紹介する書籍はそう多くありません。実際に 2024 年 2 月時点で、Amazon での検索結果はたったの 2 冊、そのうち 1 冊は 18 年前のものでした。

　そこで本書は、Windows ユーザーだけでなく Mac ユーザーにも役立つ「唯一無二」の一冊を目指しました。私は年間 500 名以上の方々に個人レッスンや研修をさせていただきますが、ショートカットキーで時短できる共通の場面は多いです。使える場面を知り、両者のキーボードの位置をすぐ理解できるよう丁寧に監修しました。本書は次のような方に推奨しています。

・Windows か Mac のショートカットキーをこれから学びたい方
・Windows と Mac 間で乗り換えが必要になった方
・Mac のショートカットキーの書籍を求めていた方
・本を 180 度開いたままでパソコン操作をしたい方

　この本を、目の前のキーボードとあなたの間に置いてみてください。画面、キーボード、そして本の内容が縦に並び、簡単に確認しながら学ぶことができます。また、すべてを覚えるのでなく、必要なページに付箋をつけながら辞書のように使うのもおすすめです。身につけて付箋を一枚ずつ外すたび、生み出されていく時間であなたの人生がさらに豊かになることを願っています。

　さぁ、ページを開いて一緒に学んでいきましょう！

2024 年 2 月　**大林ひろこ**

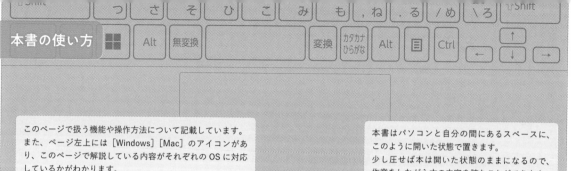

本書の使い方

このページで扱う機能や操作方法について記載しています。
また、ページ左上には [Windows] [Mac] のアイコンがあり、このページで解説している内容がそれぞれの OS に対応しているかがわかります。

本書はパソコンと自分の間にあるスペースに、このように開いた状態で置きます。
少し圧せば本は開いた状態のままになるので、作業をしながら本の内容を読むことができます。

◎ ○
01 文字や画像をコピーする

機能や操作、注意事項で重要なものは青字で示しています。

Windows と Mac で名称や操作が異なる場合、「／」で区切っています。

仕事や勉強で必ず言っていいほどお世話になるパソコン上の操作といえば、やはりコピーと貼り付け（ペースト）でしょう。

データやインターネット上で使いたい文章や画像が見つかったとき、マウス（以下トラックパッドやタッチパッドもどきあります）だけでもできる便利な機能ですが、マウスだけよりも「片手でマウス、もう片手でショートカットキー」の操作に慣れることで作業は格段に速くなります。

ここではまず、文字や画像を複製するコピーのショートカットキーについて紹介します。[03] の貼り付けとセットでぜひ覚えましょう。下で説明している Ctrl（コントロール）／command（コマンド）キーのように、キーボードの左右に2つある場合は、操作しやすい方を使いましょう。Ctrl キーには小指、command キーには親指が操作しやすいです。

なお、インターネット上や PDF などのデータの中には、クリックやドラッグ選択を受け付けないコピーガード処理が施されているものもあります。

Windows

Ctrl
+
C

ページの下半分は解説している内容の操作方法を、具体的なキーとキーボードの位置で示しています。本の上方向にあるキーボードを実際になぞりましょう！

Mac

command
+
C

本書で掲載している操作方法およびキーボード配列は、それぞれ Windows11（JIS 配列）、Mac Book Pro（JIS 配列）をベースにしています。

Contens

第 0 章 ┃ キー1つでも動く！　パソコンの超キホン

第 2 章 ▶ 作業をラクにする！　入力向けショートカットキー

第 3 章 ▶ 見やすく使いやすく！　画面表示のキーボード術

※ショートカットキーではないものの、Mac での操作を 05 で説明

第 4 章 ファイルやフォルダーのカンタン整理術！

第5章　もっと便利に！　ファンクションキー大解剖

〈Windows〉　　　　　　　　　　　　〈Mac〉

修飾キー別ショートカットキー索引

第 **0** 章

キー１つでも動く!
パソコンの超キホン

01 日本語入力と英数入力を切り替える

　コンピュータの言語は、全世界共通で英語が使われています。そのため、基本設定はすべて「英語と数字（＝英数）」がベースになっていて、パソコンのログイン画面でも英数での入力を求められます。英語以外の言語を母国語にしているユーザーは、ログイン後にまず入力モードを切り替える必要があります。

Windows

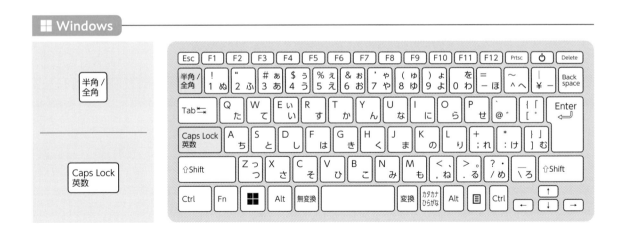

日本で発売されているパソコンのキーボードは、多くは JIS 配列を採用しており、入力モードの切り替えはキー1つです。現在の入力モードについては、日本語入力なら「あ」、英数入力なら「A」と画面右下／右上に表示されます。

Mac

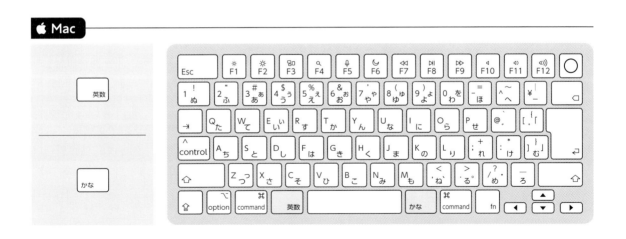

02 カーソルを動かす

Wordなどで文字を入力するとき、画面にはIのカーソルが表示されています。カーソルのある位置に文字が入力されますが、別の位置に入力したいときは、矢印キー（↑↓←→）を使うとカーソルが移動します。矢印キーは、正式名称を「カーソルキー」といい、近い距離でカーソルを移動するときに使います。もし、1文字だけ手前にカーソルを戻したいときは、マウス（以降トラックパッドやタッチパッドも含みます）を使うより、左矢印キーを1回押

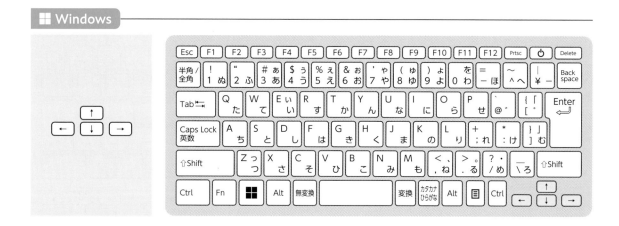

した方が確実で早いです。特に入力中はキーボードだけで操作すると手際よく進められます。

　ほかにも細かな位置調整が必要な図形や画像などは、矢印キーを使うとストレスなく小刻みに移動させることができます。

Mac

03 次・前へ移動する

　インターネット上で入力しているとき、思ったようにカーソルが動いてくれないことはないでしょうか。例えば右のようなお問い合わせの入力フォームで姓を入力した後、続けて名を入力しようとして矢印キーを押しても、カーソルは動かないことが多いです。

　そのようなときは Tab ／ ⇥（タブ）キーを押すと、カーソルを「次へ」移動することができます。また Shift ／ shift キーと組み合わせることで、「前へ」戻ることもできます。

Windows

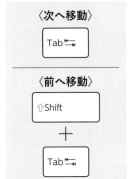

〈次へ移動〉

Tab ⇥

〈前へ移動〉

⇧Shift

＋

Tab ⇥

マウスに持ちかえることなく、カーソルを項目移動できるので、キーボードだけでスムーズに入力が完結できるようになります。

Mac

〈次へ移動〉

→

〈前へ移動〉

⇧

+

→

04 文字を変換する

　Space／space（スペース）キーは、もともと空白を入力するためのものですが、日本語の文字入力においては、文字を「変換」する役割を担っています。パソコンに入力した文字は、Space／space キーを押すことで、漢字などに変換されますよね。目的の文字が出たら、次の入力を始めるか、Enter／return キー（P.22）を押すことで、

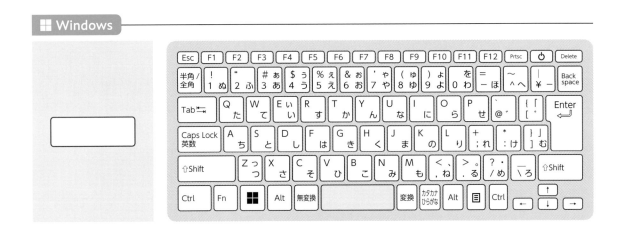

文字が確定されます。

　ほかにも便利な使い方があります。YouTube などで動画を見たり音楽を流している際には、このキー1つで動画と音楽の「一時停止」と「再生」を切り替えられるようになります。

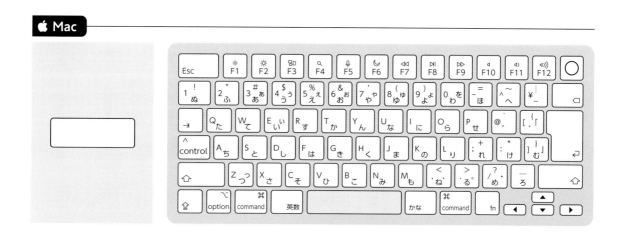

05 カタカナに変換する

　Windowsでは、文字を変換する際、Spaceキーの代わりに無変換キーを押すと、カタカナに変換されます。キーを押すたびに、「カタカナ（全角）→カタカナ（半角）→ひらがな→…」と切り替わります。カタカナ変換にはF7キー（P.182）を使う方法もありますが、キーボードの一番上にあるため、これから覚える方は無変換キーを使った方が手指の動きが少なくて済みます。

■ Windows

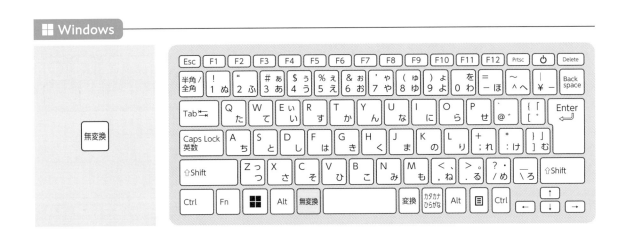

一方 Mac では、control + K と押すとカタカナに変換されます。そのあと上矢印キーを押すごとに「ひらがな→カタカナ（全角）→カタカナ（半角）→全角英数→半角英数→…」と英数字の切り替えまで可能です。

ただし、「パソコン」「ケーキ」などといった日常的に使われるカタカナであれば、文字の変換でも候補に出てくるので、普段通り Space／space キーで変換した方が早いでしょう。

06 操作を確定する

Enter（エンター）／return（リターン）キーは、文字の入力を確定したり、改行を挿入したりするときに使う代表的なキーの一つです。またアプリケーションで操作した内容を「確定」「実行」することができます。

例えば、Word でファイルを保存するときや Excel で書式設定をするときには、常に「OK」「保存」などの操作を促すボタンが表示されています。このようなとき、画面に表示された小さなボタンにマウスポインタを合わせな

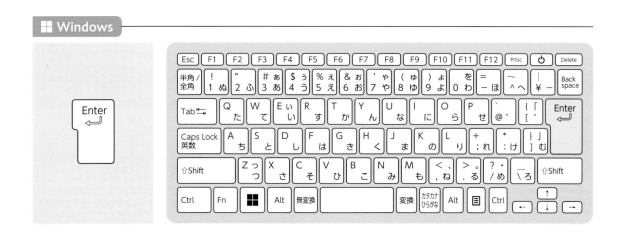

くても、Enter／return キーを押すようにすれば、楽
に操作を確定できるようになります。

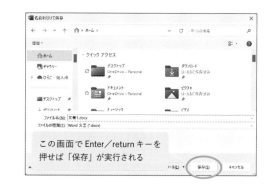

この画面で Enter／return キーを
押せば「保存」が実行される

Mac

07 操作を取り消す

Esc／esc（エスケープ）キーは、入力中の文字を取り消したり、選択範囲を解除したりするときに使います。またアプリケーションで操作中の内容を「キャンセル」することができます。

前項では、Enter／return キーで操作の確定を行いましたが、反対に取りやめたいときは Esc／esc キーを使います。「やっぱり設定は変更しない」というとき、表示されている「キャンセル」ボタンや、上端の「×／●」の

■ Windows

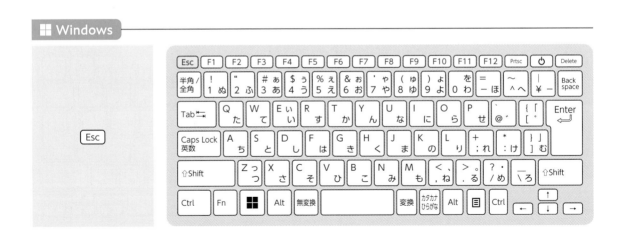

小さなマークをクリックすることなく、楽に操作をキャンセルできます。また Office アプリケーションで印刷プレビューを開いているときや、PowerPoint でスライドショーを実行しているときにも、このキー1 つで簡単に元の画面に戻すことができます。

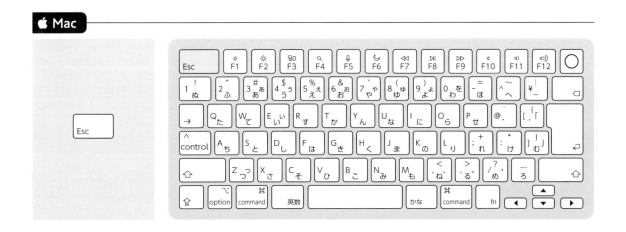

08 左の文字を削除する

　パソコンでの入力作業にミスはつきものです。文字を打ち間違えたり、違う漢字に変換したり……このようなことは日常茶飯事ではないでしょうか。

　ミスに気づいたとき、私たちは BS ／ bs（バックスペース）キーを使います。キーを押すごとに、カーソルのある左側（＝手前）の文字を 1 字ずつ、バックしながら削除します。また、長押しすれば一気に文字を消してくれるの

■ Windows

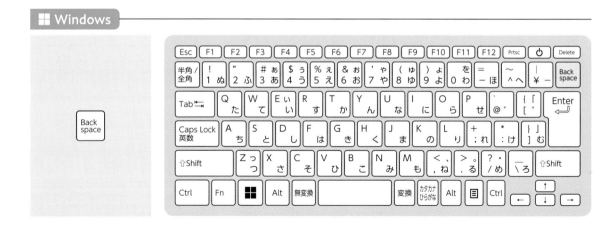

で便利ですが、削除しすぎないよう注意は必要です。

　はかにも Word と PowerPoint で作成した表において、便利な使い方があります。選択した行を BS ／ bs キーで丸ごと削除することが可能なのです。

Mac

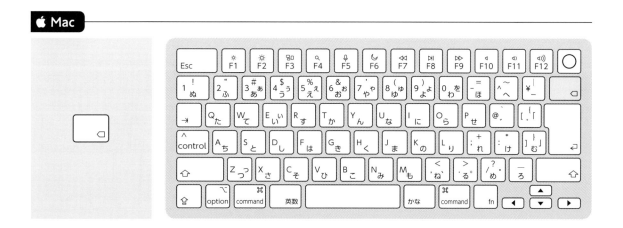

09 | 右の文字を削除する

　Windows には、削除キーが 2 つあります。前項の BS キーと Delete（デリート、Del）キーです。文章を入力中に Delete キーを押すと、カーソルの右側（＝後ろ）にある文字を 1 字ずつ削除できます。BS キーと同じように、長押しで一気に削除もできます。2 つの削除キーは、それぞれ文字や図形や画像などを削除することはできますが、

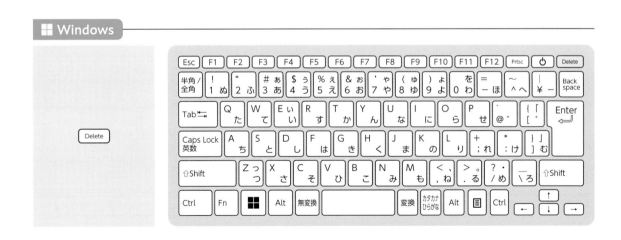

ファイルの削除は Delete キーにしか行えません。

　一方、Mac には Delete キーがありません。しかし、fn + bs キーの組み合わせを使うことで、カーソルの右側にある文字を削除したり、ファイルを削除したりできるようになります。

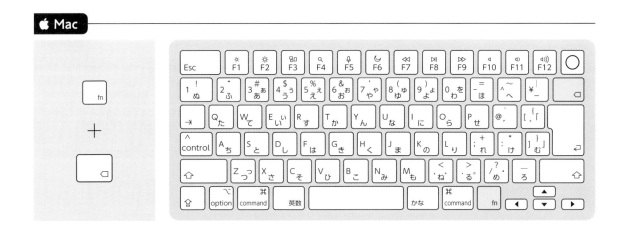

10 すべてを検索する

　私たちは日々、情報やデータの「検索」を繰り返しています。ブラウザでのインターネット検索や、フォルダー内でのファイル検索など、特定のアプリケーション内で検索することが一般的です。しかしパソコンには、これらを一括で検索できる機能が備わっています。

　例えば Windows では、Windows キーを押して表示されるバーに検索ワードを入力し、Enter キーを押すと検索が開始されます。すると、Web 上やアプリケーション、ファイル、設定画面などから、該当する情報が表示されます。

Windows

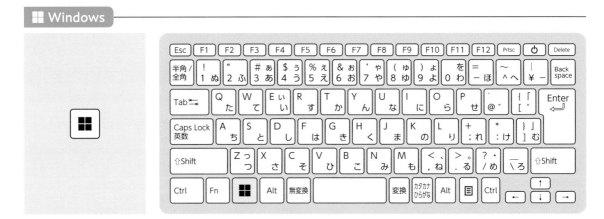

Windows		Mac
Q アプリ、設定、ドキュメントの検索		Q Spotlight 検索

　一方 Mac では、command + space キー（または画面右上の虫眼鏡マークをクリック）で、検索を始められます。これは「Spotlight 検索（P.177）」といって、Web 上やアプリ、ファイル、設定画面などに加え、メールや連絡先やブラウザのブックマークなどまで、目当ての情報を幅広く探し出してくれる優れた機能です。

🍎 Mac

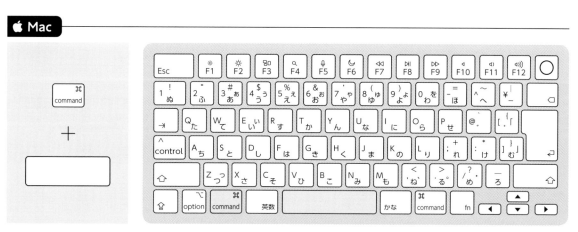

11 ファンクション機能を使い分ける

　ノートパソコンの小型化に伴い、1つのキーに2つの機能が割り当てられるようになりました。例えば、キーボード上部にあるファンクションキーには、F1〜F12自体の機能と、画面の明るさや音量などを調整する機能があります。ほかにも図のように、矢印キーに「PgUp（ページアップ）」などの機能が割り付けられていることもあります。

　Fn／fn（エフエヌ）キーは、これらの2つの機能を切り替えるときに使います。多くのパソコンでは、例えば

◼ Windows

F1・F2 なら最初に画面の明るさなどの機能が優先されています。ここで Fn／fn キーを押しながら操作すると、F1〜F12 本来の機能が使えるようになります。

　しかし、最初から F1〜F12 の機能を優先したい場合もあるでしょう。Window では、キーボードに FnLock（ファンクションロック）キーがある場合、そちらで切り替えることができます。一方 Mac では、システム設定の「キーボード」からファンクション機能を優先することができます。

![Apple] Mac

fn

＋

任意のキー

◆ Ctrl ／ commandキーとShift ／ shiftキー

　Ctrl（コントロール）／command（コマンド）キーと Shift（シフト）／shift（シフト）キーは、パソコン操作が飛躍的に快適で便利になるキーです。単独では使えませんが、ほかの様々なキーと組み合わせて使います。

　Ctrl／command キーは、主にコピー、貼り付け、切り取り、検索、保存などの基本的な操作をショートカットキーで効率化します。また離れた範囲を複数選択するときにも役立ちます。

　一方、Shift／shift キーは、キーに上矢印の刻印があるように（※ない機種もあります）、キーの上段にある記号を入力するときに使います。さらに連続した範囲の選択や、図形や画像の編集（水平垂直移動や、縦横比を保ったサイズ変更など）においても重宝します。

　2 つのキーの特徴を理解し、日々の操作に取り入れていきましょう。

第 1 章

どこでも役立つ!
基本的なショートカットキー

01 文字や画像をコピーする

　仕事や勉強で必ずと言っていいほどお世話になるパソコン上の操作といえば、やはりコピーと貼り付け（ペースト）でしょう。

　データやインターネット上で使いたい文章や画像が見つかったとき、マウスだけでもできる便利な機能ですが、マウスだけよりも「片手でマウス、もう片手でショートカットキー」の操作に慣れることで、作業は格段に速くなります。

■ Windows

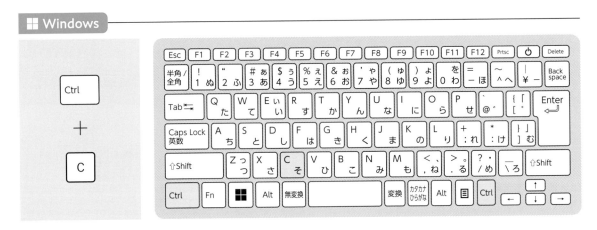

　ここではまず、文字や画像を複製するコピーのショートカットキーについて紹介します。貼り付け（P.40）とセットでぜひ覚えましょう。下で説明している Ctrl／command キーのように、キーボードの左右に2つある場合は、操作しやすい方を使いましょう。Ctrl キーには小指、command キーには親指での操作がしやすいです。

　なお、インターネット上や PDF などのデータの中には、クリックやドラッグ選択を受け付けないコピーガード処理が施されているものもあります。

Mac

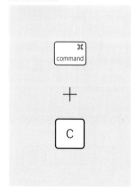

02 | 文字や画像を切り取る

切り取りは、データを移動したいときに使います。コピーは、コピー元のデータを残して、貼り付け先に複製しますが、切り取りは、コピー元のデータを削除して、貼り付け先に移動します。

切り取ったデータは、コピーしたデータと同様「クリップボード」とよばれる場所に一時保管されます。ただし、

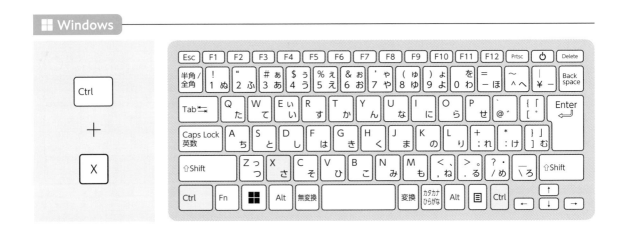

クリップボードには原則1つのデータしか保存できないため、新たにコピーや切り取りを行うと、以前のデータはなくなってしまいます。またパソコンをシャットダウンしても、データはなくなります。クリップボードについては P.102 でも紹介しますが、仕組みを知っておきましょう。

Mac

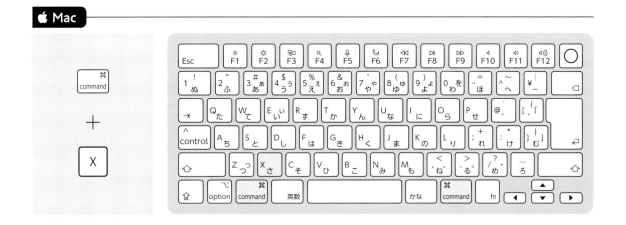

03 複製した文字や画像を貼り付け

　コピーや切り取りをしたデータは、クリップボードに保管されます。クリップボードのデータを貼り付けるには、任意の場所でショートカットキーを使うのが早いです。クリップボードにデータがある限り、何度でも貼り付けできます。

　このコピーしてペーストで貼り付ける操作を「コピー&ペースト」、略して「コピペ」と呼ぶことは、多くの方

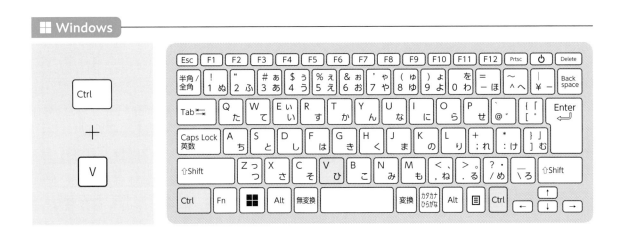

がご存知でしょう。コピペと移動は、最初に身につけたい基本のショートカットキーです。また、キーボードでには、「X（切り取り）」「C（コピー）」「V（貼り付け）」のキーが横並びで配置されているので、覚えやすくもあります。セットで使っていきましょう。

Mac

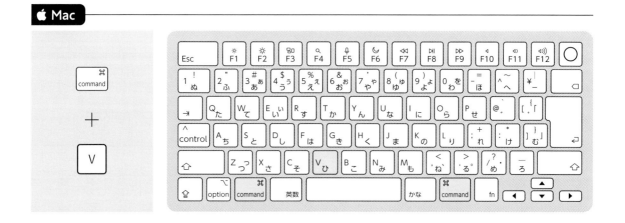

04 直前の操作を1つ戻す

　パソコンの操作中に、コピーしたデータを間違った場所に貼り付けたり、大切な部分をウッカリ削除してしまったりすることがあります。このようなミスは誰もが経験し、多くの場合は画面の左上などにある「元に戻す」ボタンをクリックして修正します。しかし、このショートカットキーを使うと、「あ、間違えた」と思った瞬間にすぐ対応できるので便利です。複数の操作を連続で元に戻したい場合は、Ctrl／command キーを押したまま、Z を連

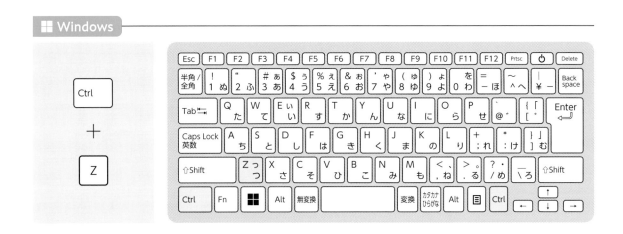

打しましょう。

　この操作は、「元に戻す」ボタンがない場面でも役立ちます。例えばデスクトップ上のファイルを間違えて削除したり、ファイル名の変更を間違えたりしても、すぐ元の状態に戻すことができる優秀なショートカットキーです。

Mac

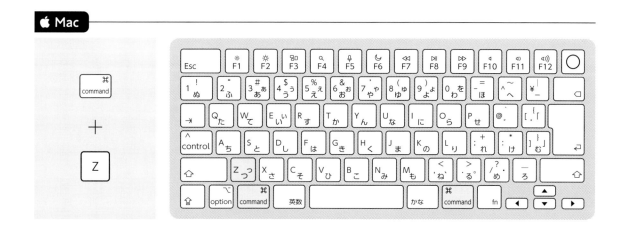

05 戻した操作を 1 つ進める

　Ctrl／command + Zで操作を元に戻した後、「やはり戻す前の状態がよかった」と、改めて操作を進めたいと思うときもあります。画面の左上にある「繰り返し」ボタンからも実行できますが、「元に戻しすぎた」と思った瞬間に、このショートカットキーで迅速に対応しましょう。

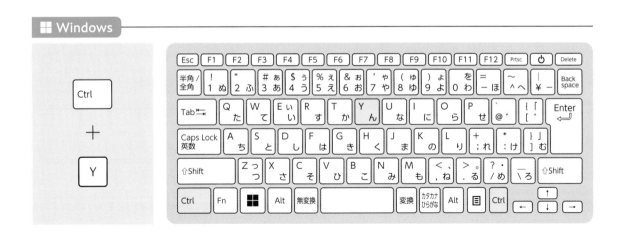

　さらにこの操作は、ボタンに「繰り返し」とあるように、直前の操作を繰り返すことができます。例えば、特定の範囲の文字色を赤色に変更した直後に、別の範囲で繰り返しの操作をすると、同じように文字色が赤色に変更されます。

 Mac

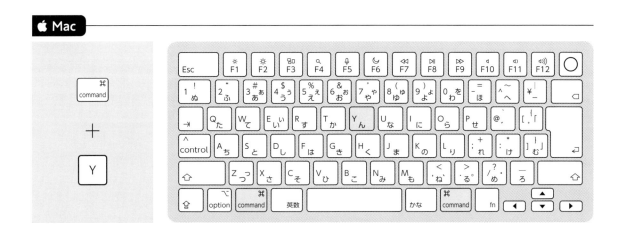

06 内容のすべてを選択する

　コピーや切り取りをする前に、どこまでのデータを対象にするかを選択する必要があります。ときには Excel の表全体だったり、何ページにもわたる Word 文書全体だったりします。広範囲のドラッグや、何ページもの画面スクロールは、途中でマウスボタンから手が離れてしてしまうと、選択のやり直しとなってしまうこともあり、スト

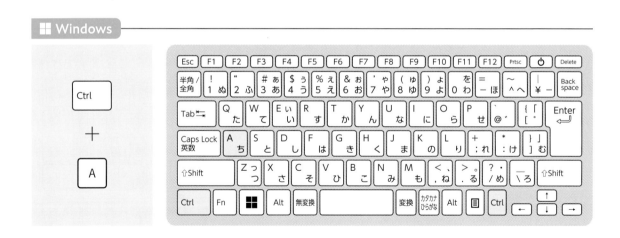

レスともなります。

　そうならないために、全選択する場合にはショートカットキーを使いましょう。手間も時間もかけずに、一瞬で表全体や文書全体を選択できるようになります。

Mac

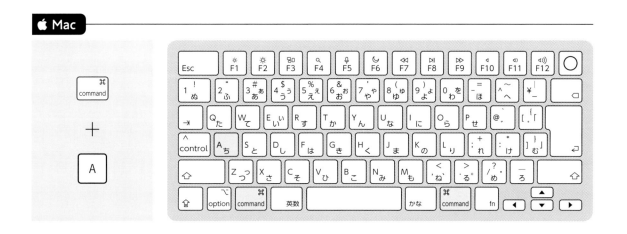

07 | 検索機能を呼び出す

調べものをしていて気になる言葉や用語がある場合、インターネット検索する方は多いでしょう。しかし特定のウェブページにたどり着いても、肝心の用語がすぐに見つからないことがあります。そのようなときはショートカットキーで、即座に検索ボックスを開きましょう。

また社内の業務マニュアルや自社サービスの利用規約などをデータ上で調べる場合も同様です。紙であれば目次

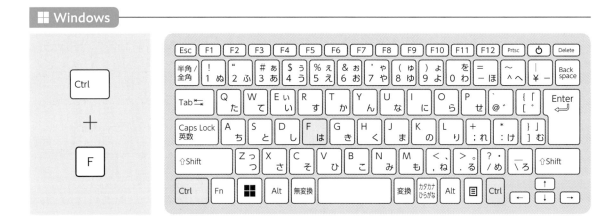

や索引に頼るほかありませんが、Office のアプリケーションや PDF などのファイルであれば検索が可能です。アプリケーションごとに表示される検索ボックスは様々ですが、このショートカットキー1つで、ほとんどのアプリケーション内で検索が始められるようになります。

🍎 Mac

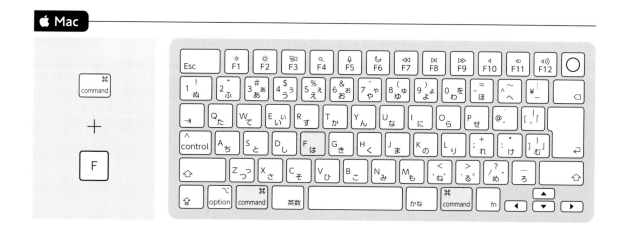

08 | 検索した言葉を置換する

特定の文字列や書式は、一括で置き換えることができます。例えば、Word でこのショートカットキーを使うと、即座に図のような画面が表示されます。「検索する文字列」に修正前の、「置換後の文字列」に修正後の言葉を入力して、「すべて置換」を選べばファイル内のすべての文字列が置き換わります。「置換」を選べば、一つずつ置き換えるかどうかチェックができます。ほかにも便利な使い方として、「置換後の文字列」を空欄にすると、「検索する

Windows

文字列」をまとめて削除することもできます。

　また文字列だけでなく、書式も置換できるので大変便利ですが、残念ながら現在 Mac では書式の置換には対応していません。

Mac

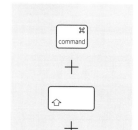

09 スクリーンショットを撮る（画面全体）

パソコンの画面に表示されている内容を画像データとして保存することをスクリーンショット、略して「スクショ」といいます。スマートフォンやタブレットでも大切な情報を手軽に保管できるおなじみの機能です。

Windows では 2 通りの操作方法があります。一つは Windows キーを押して、クリップボードに一時保管する

方法です。しかし次の項目にある Windows の設定がされていると、図のようなミニバーが表示されることがあります。その場合はミニバーのボタンから「全画面表示」を選んでください。もう一つは Windows ＋ PrtScn キーで、パソコンに自動保存する方法です。保存したファイルは「ピクチャ」フォルダー内の「スクリーンショット」フォルダーに保存されます。

　Mac の場合、クリップボードに一時保存はせず、画像ファイルとしてデスクトップ上に自動保存されます。

Mac

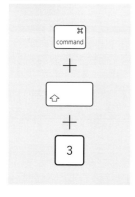

スクリーンショットを撮って
編集作業に移る（画面一部）

10

　このショートカットキーを使うと、画面が暗くなってスクショのミニバーが表示されます。ここではスクショの対象範囲の設定や画面収録（Windowsは P.66 参照）への切替えが行えます。

　Windows での操作は、暗くなった画面上でスクショしたい範囲をドラッグするだけです。選択範囲が明るくなってクリップボードにコピーされるので、作業中のアプリケーションに Ctrl + V で貼り付けましょう。また、この操作は設定（P.62）から、Prtsc キー1つでできるようにもなります（「設定」→「アクセシビリティ」→「キーボード」

（Windows は P.66 参照）（P.62）

■ Windows

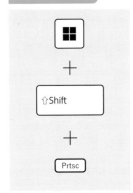

→「PrintScreen キーを使用して画面キャプチャを開く」をオン)。

　Mac での操作は、まずミニバーの「オプション」から画像の保存先をクリップボードにします。次に選択範囲をドラッグして「取り込む」ボタンをクリックすれば、作業中のアプリケーションに command + V で貼り付けられるようになります。

Mac

11 デスクトップを表示する

　Wordで文書を作っている最中に、参考資料としてExcelやPDFファイルを同時に開いたり、急なメールに返信したり・・・こんな風にパソコンで作業していると、同時にたくさんのウィンドウが開いています。このような状態で、「デスクトップに保存していたファイルを探したい」となったらどうでしょう。ウィンドウを一つひとつ消したり最小化したりする作業は少々面倒です。

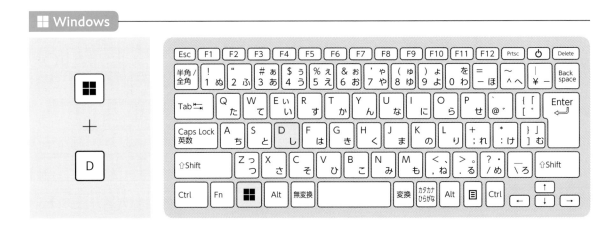

そこでこのショートカットキーを使うと、開いているすべてのウィンドウが一瞬で最小化されて、デスクトップが表示されます。なお、もう一度押すと元の状態に戻すこともできます。

ただし Mac の場合には、手前に開いているアプリケーションがフルスクリーンだと機能しません。fn + F（P.115）でフルスクリーンを解除してから操作しましょう。

Mac

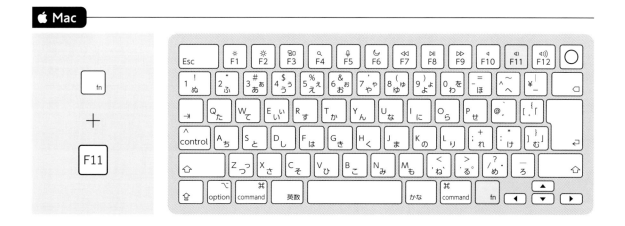

12 エクスプローラー／Finder を開く

　パソコンに保存されているファイルやフォルダーを表示、検索、管理するためのアプリケーションを、Windows では「エクスプローラー」、Mac では「Finder（ファインダー）」といいます。これらのアプリケーションを使って、定期的にファイルを分かりやすく整理する習慣を身につけておきましょう。

■ Windows

ファイル整理する際には、エクスプローラーや Finder のウィンドウを複数開くことで作業がはかどります。その際はこのショートカットキーを繰り返すことで、新しいウィンドウを開いていくことができます。

🍎 Mac

13 パソコンをロックする（ログイン画面状態）

　セキュリティ対策として、離席する際にパソコンをロックすることが、一般的に推奨されています。他人のいるところで少しの時間でもパソコンを放置すれば、重要なデータや個人情報が、意図せず他人の目に触れて、情報流出するリスクが生じます。また、パソコンの画面が写真や動画に映り込むこともあり得ます。いずれにせよ、離席する際はパソコンをロックしておくのが賢明です。

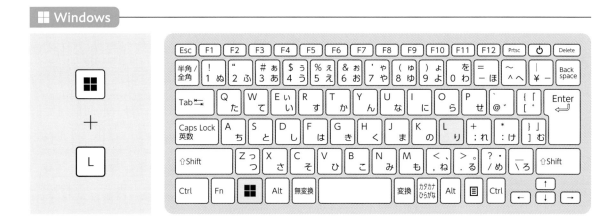

Mac では指紋認証センサー「Touch ID（電源）」ボタンを軽く押すだけです。このボタンがない場合は、command + control + Q で画面のロックができるようになります。

 Mac

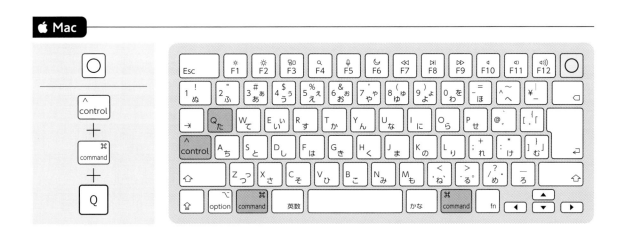

14 設定／環境設定メニューを開く

Windows では、パソコンを使いやすくするための設定メニューを、ショートカットキーで開くことができます。画面の明るさや音量の調整などは、一部キーボードでは上部のメディアキーにイラスト付きで割り当てられていますが、より細かな設定が必要なときにはこちらのメニューから行います。他にも、プリンタドライバをインストールする、使わないアプリケーションを削除（アンインストール）する、Windows Update を実行するなど、様々な設

■ Windows

定があります。

　一方 Mac では、このショートカットキーを使うと、現在開いているアプリケーションの環境設定メニューが開きます。例えば、Office アプリケーションでは起動と同時に新規ファイルを開くようにする、また Finder ではサイドバーに表示するフォルダーをカスタマイズするなど、使いやすく初期設定を変更することができます。

15 アクション／コントロールセンターを開く

　アクション／コントロールセンターでは、Wi-Fi や Bluetooth、画面の明るさや音量といったよく使われる最低限の機能の設定が行えます。持ち運びすることの多いノートパソコンユーザーにとって、嬉しい機能となっています。パソコンの設定画面はよく分からないという方でも、直感的に使うことができるでしょう。

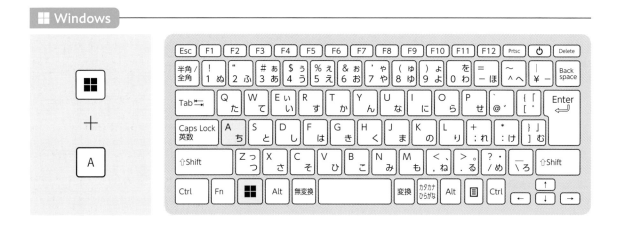

　他にも、Windows では、充電の残量確認ができて、バッテリー節約機能をその場でオンにすることなどもでき
ますし、Mac では、AirDrop や集中モードなどの設定ができるようになっています。

Mac

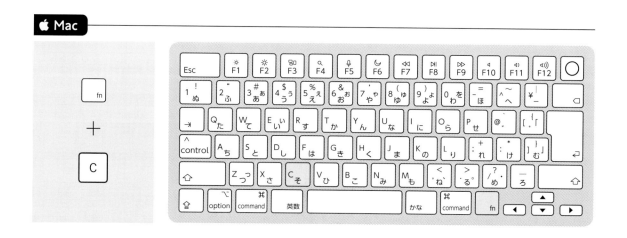

16 画面を収録する

Windowsでは、2023年夏からスクリーンショットで画面収録ができるように、順次アップデートが始まっています。しかしアップデートがまだのパソコンでも「ゲームバー」を使うと画面収録ができるようになります。

ショートカットキーで表示されるゲームバーの「録画を開始」ボタンをクリック、収録後に「録画を停止」ボタンをクリックします。すると動画ファイルが自動作成されて、「ビデオ」フォルダー内の「キャプチャ」フォルダーに保存されます。

17 「電源」メニューの表示

　パソコンの電源は入れてから立ち上がりまでに時間がかかるので、素早く立ち上げるために常時スリープ状態の方も多いのではないでしょうか。しかし、長時間使用しない場合は、電力の消耗やセキュリティの観点からシャットダウンがおすすめです。

　このショートカットキーでは、アプリケーションを終了することもできます。Alt キーを押しながら F4 を連打すると、前面のアプリケーションから順番に終了しながら電源メニューまでたどりつくことができます。

Windows

18 | タスクバー／Dock のアプリ起動・切替

　画面下部にあるタスクバー／Dock は、アプリケーションを切り替えるときに頻繁に使われます。ここによく使うアプリケーションを登録しておくと、他のアプリケーションを開いているときでも、簡単に起動できるようになるので操作が快適になります。実はこのタスクバー／Dock にも、ショートカットキーが存在します。

Windows では、Windows キーとタスクバーのアイコンを検索バーから左へ数えた順番の 1~9 までの数字を組み合わせます。

Mac では、ショートカットキーで Dock 内のアイコンが 1 つ暗くなるので、矢印キーで目的のアプリまで移動して return キーで確定します。

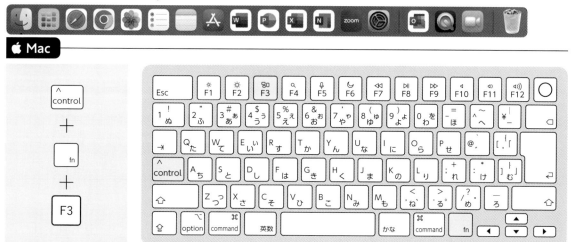

19 アプリケーションを強制終了する

パソコンの操作中、まれに画面がフリーズしたり、マウスポインタが長い時間くるくる回り続けたりすることがあります。せっかく作ったデータが突然消えてしまうかもしれない、そんな不安を一度や二度、感じたことがある方も多いのではないでしょうか。

しばらく待っても状況が変わらない場合、タスクマネージャーを開き、アプリケーションを強制終了するしかありません。タスクバーのスタートボタンの上で右クリックのメニューから選ぶか、ショートカットキーで起動しま

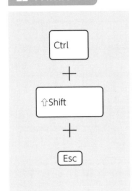

す。

　タスクマネージャーには、現在動作中のすべてのアプリケーションの状態が表示されます。フリーズしたものには「応答なし」と表示されています。アプリケーションを選び、「タスクの終了」「強制終了」ボタンをクリックしましょう。残念ながら強制終了すると、データは保存されません。このような不測の事態に備えるためにも、日ごろから小まめなデータ保存（P.148、192）を心がけておきましょう。

Mac

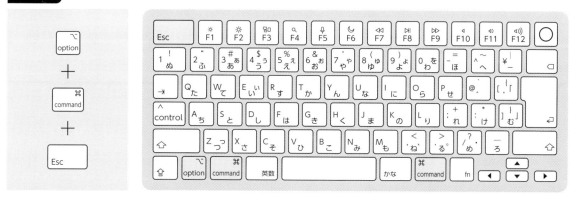

◆ WindowsとMacの「コントロール」キーは別物？

　Windows と Mac の「コントロール」キーは、同じ名前で一見すると機能も同じと感じるかもしれません。しかし、結論として「コントロール」キーは、Windows ではより一般的な操作に使われるのに対し、Mac では限られた場面でのみ使われるため、その役割は全くの別物と言えるでしょう。

　Windows ユーザーにとってこのキーは、日常のショートカット操作に欠かせません。「Control」キーは、コピー（Ctrl + C）、貼り付け（Ctrl + V）、切り取り（Ctrl + X）などの基本操作を、文字通りコントロールしています。

　一方 Mac では、ショートカット操作の中心になるのは「command」キーです。Windows で「Control」キーがもつ役割の多くをこのキーが担っています。そのため Mac ユーザーにとっての「control」キーは、例えば「ひらがな入力モードへの切替え（P.81）」など、使われる機会は少なめです。

第 **2** 章

作業をラクにする!
入力向けショートカットキー

01 書式をコピーする

フォントの種類や大きさや行間など、文章の見た目の設定のことを「書式」といいます。例えば、ある文字を「太字＋青字＋下線」で強調したい場合、この書式が使われている部分をコピーして、ほかの文字に貼り付けると、一つひとつ書式を設定する手間がなくなります。書式が揃うと、文書全体に統一感が生まれます。

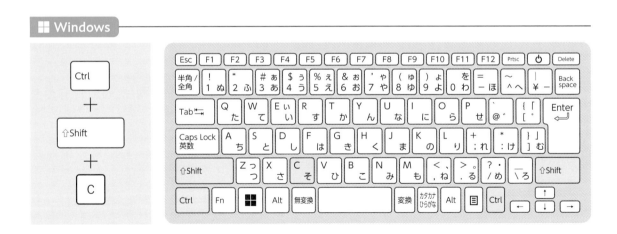

［ホーム］タブの「書式のコピー／貼り付け」からも設定できますが、Word と PowerPoint では、コピペの
ショートカットキーに Shift／shift を追加するだけで使うことができます。なお、セットで使いたい書式の貼り付
けは、次の項目で紹介します。

🍎 Mac

02 書式を貼り付ける

　前項でコピーした書式を、選択した範囲に書式の貼り付けを行うと、異なる文字に同じ書式がまとめて設定されるようになります。書式を揃えることで、全体が見やすく分かりやすくなるため、伝わる資料になります。

　さらに文字の書式だけでなく、行間やインデントなどの段落の書式や、図形や画像などオブジェクトの書式まで、

Windows

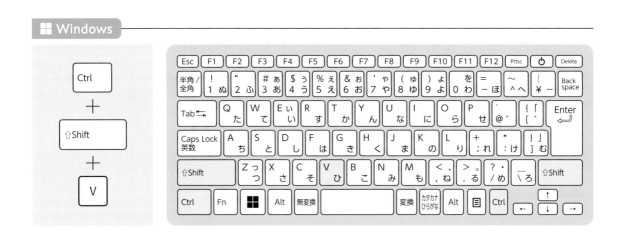

Ctrl + ⇧Shift + V

コピペすることができます。なお、このコピペは Word と PowerPoint が対象で Excel では使えませんが、次の項目で紹介する操作なら Excel でもできるようになります。どちらも大変よく使う機能ですので、ぜひ活用しましょう。

2

🍎 Mac

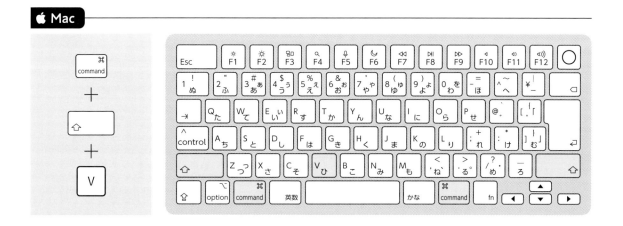

03 形式を選択して貼り付ける

　コピー＆ペーストでデータを貼り付けたときに、フォントが変わったり、行間が開いてしまったりと、思い通りにならないことはありませんか。これはコピペの操作が、「文字」と「書式」の両方を対象としていることで起こります。Web ページ上の文字をコピーして、Word 上に貼り付けた際などに起こってしまう現象です。

　そこで、Ctrl／command ＋ C でコピーしたあと、必要なものだけを貼り付けるショートカットキーを使いましょう。Word では右の図のような画面が表示されます。ここで「テキスト」を選ぶと、文字だけを貼り付けられ

■ Windows

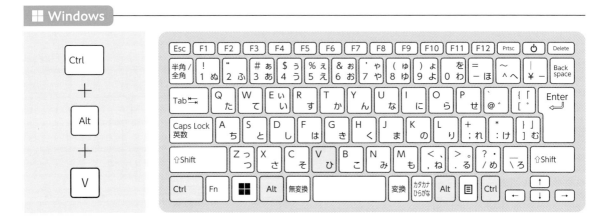

るので、元からある書式が崩れることはありません。
同じように Excel でも、書式や値や数式など細かく
貼り付ける内容を選ぶことができます。

 Mac

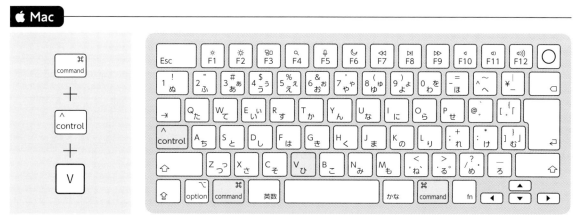

04 ローマ字入力とかな入力を切り替える

　日本語入力には、「ローマ字入力」と「かな入力」の2つの方法があります。通常、初期設定はローマ字入力です。

　日本の学校では、一般的に「ローマ字入力」を教えています。これはコンピュータの基本言語が英語であるため、プログラミングを学ぶうえでもアルファベットの配列に慣れることにメリットが大きいためです。実際、文部科学

Windows

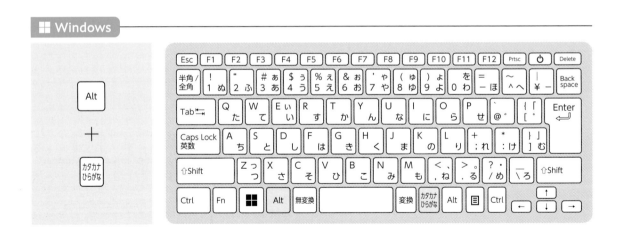

Windows

Mac

省は小学3年生から正しい指使いでのローマ字入力を推奨しています。一方で、「かな入力」に慣れ親しんでいる方もいらっしゃることでしょう。

　その場合の入力モードの切り替えを紹介します。もし、このショートカットキーが効かない場合（設定でオフになっている場合がある）は、画面の右下／右上にある「あ」の文字の上を右クリックし、そこから入力モードを切り替えることもできます。

Mac

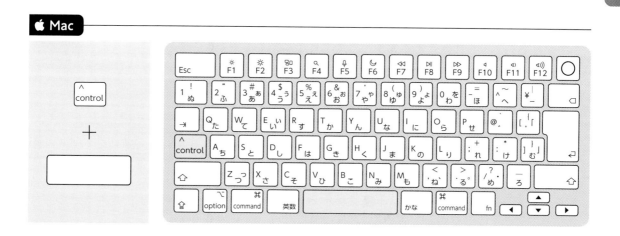

05 全角入力中に半角スペースを挟む

　日本語入力モードでは、Space／space キーを押すと全角スペースが入力されます。しかし、文書の見た目を整えたいときや、苗字と名前の間隔をせまくしたいときなど、半角スペースが必要な場面も多いのではないでしょうか。

　このようなときに、英数入力モードに切り替えず、半角スペースを入力できる方法があります。Shift／shift

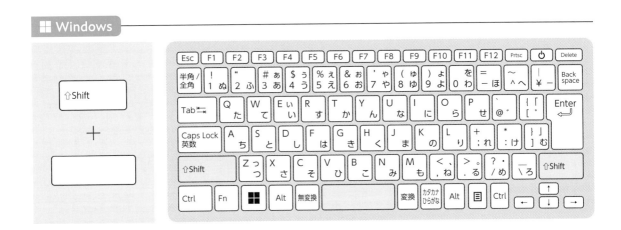

キーを押しながら Space／space キーを押すだけです。

　ちょっと嬉しくなる便利なショートカットキーですね。微々たる効率化ではありますが、このような小さなテクニックの積み重ねで、入力作業はスムーズになっていきます。

2

🍎 Mac

06 日本語入力中に半角英大文字を入力する

　近午はグローバル化もあり、日本語での会話中にも「PDCA」「Word」「PS5」などといった英数で表す言葉も増えています。パソコンでの入力中に出てくると、英数入力モードに切り替えなければならないと思うかもしれません。しかし最初の1文字目が大文字であれば、日本語入力モードのまま英数字を入力できます。

　Shift／shiftキーを押しながら英字を入力すると大文字が入力できます。2文字目以降はShift／shiftキーを使

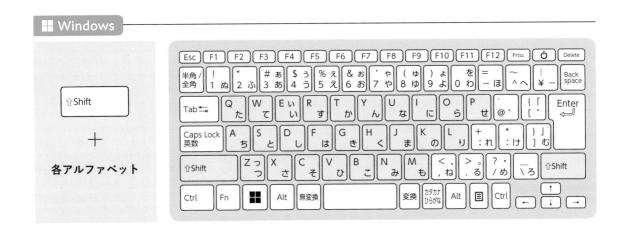

わず、残りのスペルを英字で打ち続ければ大丈夫です。入力後に Enter／return キーで確定するだけで、続きは日本語の入力に戻ります。

　ただし、小文字から始まる英字は日本語入力と認識されてしまうため、英数入力（半角）モードの切り替えを行いましょう。

Mac

各アルファベット

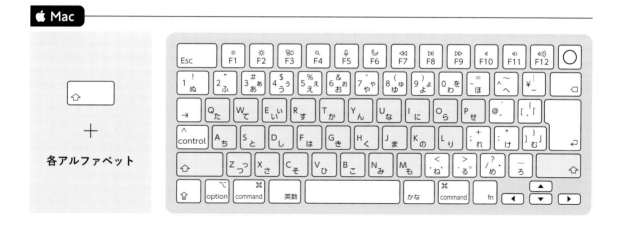

07 | 英大文字入力モードに固定・解除する

　前項では一時的な大文字入力について紹介しましたが、英数入力モードでずっと大文字だけを入力をする方法もあります。大文字を固定するという意味をもつ Caps Lock／capslock（キャップスロック）キーを使います。

　ただし、このキーは知らない間に押してしまっているケースも多く、「アルファベットが急に大文字だけで入力されるようになってしまった」と困惑される方もいらっしゃいます。Windows ではこのショートカットキーの 2

Windows

⇧Shift

＋

Caps Lock
英数

| Esc | F1 | F2 | F3 | F4 | F5 | F6 | F7 | F8 | F9 | F10 | F11 | F12 | Prtsc | ⏻ | Delete |

半角／全角　Tab　Caps Lock 英数　⇧Shift　Ctrl　Fn　⊞　Alt　無変換　変換　カタカナひらがな　Alt　▤　Ctrl

つのキーが並んで配置されていることや、Mac ではキーボード一番左下に配置され、キーの名称も表記されていないことから、気づかずに Caps Lock／caps lock を作動させてしまうようです。

　もし英数入力で大文字しか出なくなってしまったら、再び Caps Lock／caps lock キーを押してみてください。これで大文字の固定が解除されるはずです。

Mac

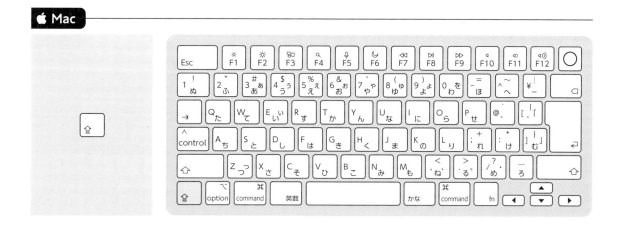

08 段落内改行を行う

　Wordで行を変えたいときにEnter／returnキーを押しますが、実はこの操作は「改段落」であることをご存知でしたか。通常、私たちは内容ごとにまとめられた文章を1段落と数えますが、Wordでは改行するたびに新しい段落が増えていきます。そのため行頭に「段落番号」が設定されていると、改行によって自動的に、次の段落番号が振られる仕組みです。

　しかし段落番号が不要な場面は多くあります。そのようなときに、段落内改行が役立ちます。Shift／shiftキー

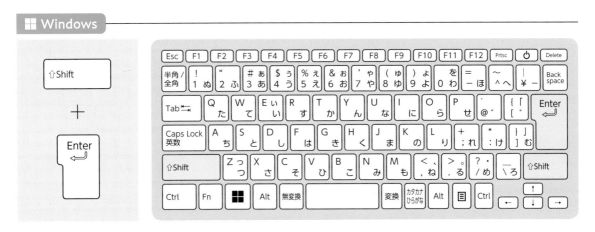

を使って改行すると、いつもの「改行マーク」とは違う編集記号「↓」が表示され、段落内に続きを入力できるようになります。Word のお節介な機能を回避しつつ、文書のレイアウトを読みやすく整えることができる、便利な改行方法です。

段落内改行なら
数字が自動で振
られない

1．パソコン研修↓

　※各自 PC 持参↵

2．タイムマネジメント研修↵

3．ロジカルシンキング研修↵

🍎 Mac

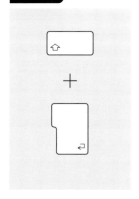

09 段落ごと移動する

Word で文章を作成中、読み返していると前後の段落を入れ替えたはうが良い文章になるのでは、と思うときがあります。切り取りと貼り付けで対処もできますが、長文ともなると、範囲選択や移動の操作などにミスが出やすくなります。これは、そのようなときに段落ごとに簡単に移動できる方法です。

このショートカットキーは、移動したい段落内にカーソルがある状態で使います。段落全体を自動で認識し、上

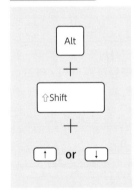

下どちらかの矢印の方向へ段落ごと移動します。また表でも同じように、移動したい行のどこかにカーソルがあれば、瞬時に上へ下へと移動することができます。文章の構成を見直したいときや、表内の行を好きな順序に並べたいときに、ぜひご活用ください。ただし、使えるのは Word と PowerPoint、Outlook のみとなります。

2

🍎 Mac

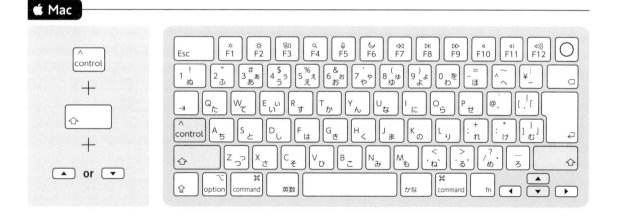

10 文字を選択する

第1章でも触れましたが、コピーや切り取りをするときは、まず文字やセルの選択が必要です。操作にドラッグを使うことも多いですが、実はキーボード上でも選択することができます。Shift／shift キーに矢印キーを組み合わせるだけなので、感覚的に操作できます。

この操作は、今入力している位置から近い範囲で作業するのに適しています。コピペなどはもちろん、太字や下

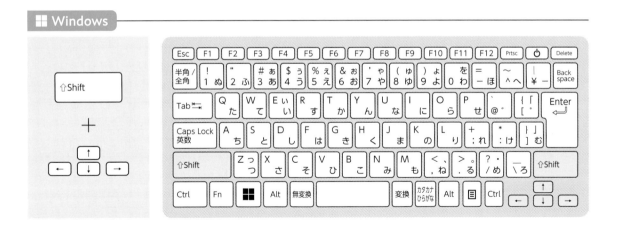

線など、ドラッグでは選びにくい数文字単位の選択も、キーボードなら確実に行えます。

　広範囲の選択に素早いドラッグと、狭い範囲の選択に確実なキーボード。状況に応じて使い分けられるようになると、作業効率もグンとアップすることでしょう。

2

🍎 Mac

11 | 太字にする

文書のタイトルや見出し、また本文の強調したい部分には、太字を使うと効果的です。

例えば、メールで長文となってしまった場合、ポイントに太字を使うと要点が伝わりやすくなります。また Excel の表では、見出しや計算結果を強調する時などに、よく使われます。セルを選択した場合はセル内のすべて

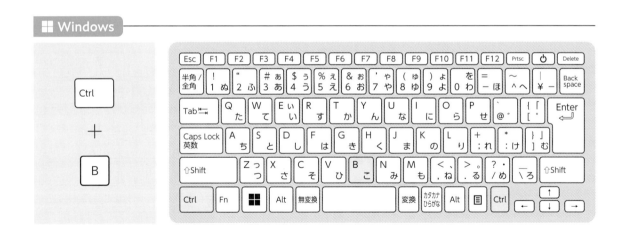

の文字が太字になりますが、セル内の特定の文字だけを選択すれば、その部分だけを太字にすることもできます。
Office アプリケーション全般で使える汎用性の高いショートカットキーです。

Mac

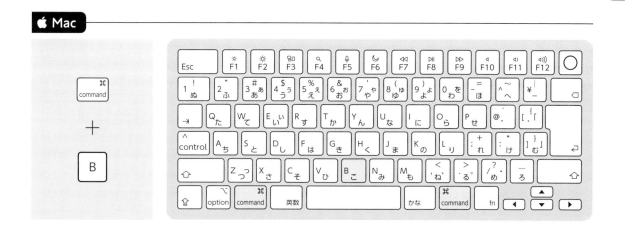

12 アンダーライン(下線)を引く

　紙の書類や教科書、ノートなどを読んでいて、重要だと思う箇所にアンダーラインを引くことはないでしょうか。Office アプリケーションでも同じように、伝わりやすい文書になるよう、文章で強調したい部分や重要な個所に下線を引くことができます。

Ctrl + U

このショートカットキーを使うと、文字の色と同じ色のアンダーラインが引かれます。また、メニューからの操作は必要ですが、線の種類は変更できますし、WordとPowerPointでは、文字と違う色でアンダーラインを引くこともできます。

🍎 Mac

13 ハイパーリンクを挿入・解除する

　パソコンで書類を読んでいて、青字でアンダーラインが引かれ、マウスポインタを合わせると指のマークに変わるテキストを見かけたことはないでしょうか。これはハイパーリンクといって、その部分をクリックすると、設定されている外部の Web ページやメールフォームが開く便利な機能です。

　しかし一方で、文章を作成しているときにメールアドレスや URL を入力するだけで自動でハイパーリンクが挿入されてしまい、スペルミスを編集しようと文字をクリックすると意図せずリンク先へ飛んでしまう、そんな不便

Windows

な一面もあります。

　ハイパーリンクの挿入・解除は、ショートカットキーで開いた画面から設定できます。ハイパーリンクが意図せず挿入された場合は、「リンクの解除」をクリックしましょう。文字が通常の黒色に戻り、リンクが解除されたことが確認できます。また、自動でハイパーリンクが挿入された直後なら、Ctrl／command + Z でリンクを解除することもできます。

Mac

14 | 文字の書式をクリアする

Word で改行すると、その行の書式が次の行にも適用されます。例えば、1 行目の文字に太字と下線の設定をした場合、2 行目にも太字と下線の設定が自動的にされるわけです。しかし改行した直後にこのショートカットキーを使うと、書式がクリアされた文字を入力できるようになります。この操作は、選択した範囲にも有効です。

Windows の Word、PowerPoint、Outlook のみで使うことができます。

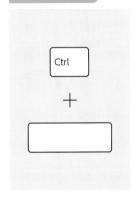

Ctrl

+

15 単語登録画面を出す

　パソコンには必ず「単語登録」をしておきましょう。一度の変換ではなかなか出てこない人名や地名、よく使う挨拶文、入力ミスしやすいメールアドレス、覚えにくい社員IDなど、短い「よみ」で登録しておくことで、入力する時間と手間を節約できます。「よみ」を入力してSpaceキーで変換すると、登録した単語が変換候補に出てくるようになります。

2

Windows

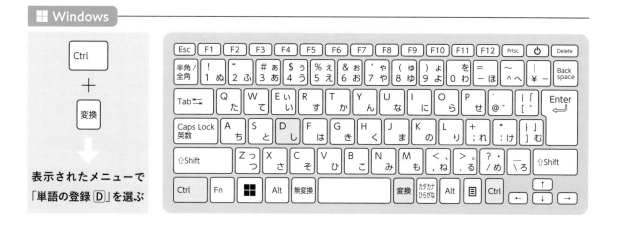

Ctrl
＋
変換
↓
表示されたメニューで
「単語の登録 D」を選ぶ

16 クリップボード履歴を活用する

クリップボードとは、「コピー」や「切り取り」によって収集したデータを一時的に保管する場所です。通常、新しいデータをコピーすると上書きされますが、「クリップボード履歴」を使うと、最大25個までコピー履歴を保管できるようになります。

このショートカットキーを初めて使うと、右図の通知が表示されるので、「有効にする」ボタンをクリックしましょう。次回からはクリップボード履歴が表示され、クリックで選んだデータを貼り付けられるようになります。

■ Windows

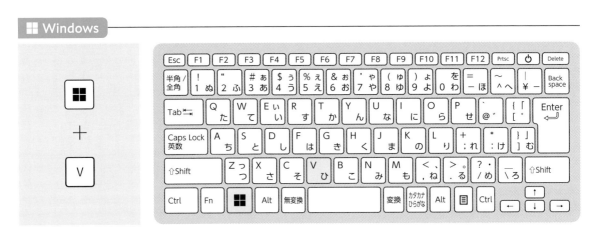

さらに「ピン留め」を設定すれば、パソコンをシャットダウンしてもコピー履歴を残すことができます。単語の横にあるピンのマークをクリックするだけです。Windows10 をお使いの場合は、ピンの上にある「…」をクリックし「ピン留めする」を選びましょう。改行を含む文章や、画像も保存できますので、日々の業務で頻繁に使うフレーズや情報を登録しておくと、非常に役立ちます。

クリップボード履歴の通知

クリップボード履歴の画面

クリックしたピンのマークは色がつく

17 絵文字・顔文字・記号一覧を表示する

　コンピュータ上のコミュニケーションにおいて、文字や記号を使った「顔文字」はパソコン黎明期（新しい時代が始まろうとする夜明けの時期）から存在してきました。そこから掲示板やチャット、SNSなどによるインターネットコミュニケーションの発達に伴い、今日では、日本で開発された「絵文字」が世界中のパソコンに標準搭載されています。言葉を補ったり、あるいは言葉の代わりに使ったりするなど、今や欠かせないツールとなっています。た

だ、パソコンで絵文字をどうやって出すのかを知らない方は、意外と多いのではないでしょうか。

　このショートカットキーは、パソコン上で使える「絵文字」「顔文字」「記号」などを一覧として出せる機能です（Mac では「顔文字」のみ control + 3 を使います）。さらなるコミュニケーションに一役買ってくれることでしょう。

Mac

fn + E

control + 3

※顔文字のみ

18 音声で入力する（※マイク機能が必要）

　パソコンへの入力には、キーボードやタッチパネルなどがメインに使われますが、近年、音声入力の技術が著しく進化しています。この技術を使えば、パソコンに向かって話すだけで、文字が入力されていきます。文字認識の精度が向上し、漢字変換もかなり正確です。入力後のチェックは必要ですが、タイピングができなくても、快適な入力作業が実現できるようになりました。

　マイク機能が搭載されているパソコンで、入力カーソルが表示されていれば、このショートカットキーで音声入

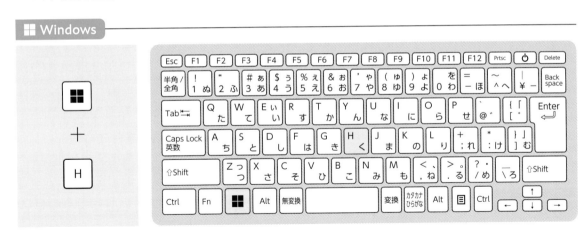

力を開始できます（マイク機能がないパソコンでは、挙動がおかしくなることもあります。その場合は再起動やシャットダウンをしてリセットしてください）。

　また Mac では、F5 キーにマイク機能が割り当てられていない場合があります。その際は次のページを参考にしてください。

2

Mac

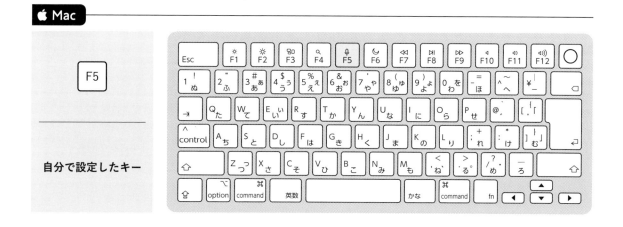

F5

自分で設定したキー

◆ Mac で音声入力キーを設定する方法

アップルメニューから［システム設定］を選択し、「キーボード」「音声入力」を「オン」にします。「ショートカット」から使いやすいキーを割り当てましょう。

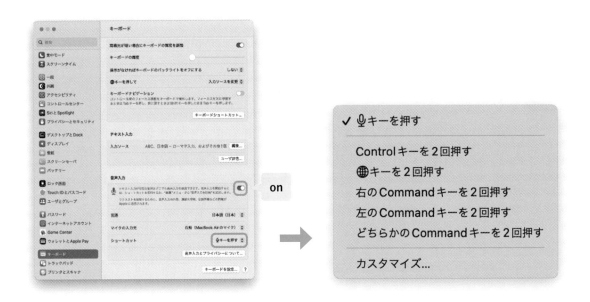

第 **3** 章

見やすく使いやすく!
画面表示のキーボード術

01 文字サイズを大きく・小さくする

　文字の大きさを変更する際、メニューの［ホーム］タブにある「フォントサイズ」から数字を選んで設定することが多いのではないでしょうか。

　Word と PowerPoint には、文字サイズを変更するショートカットキーがあります。大きくするには「＞（大な

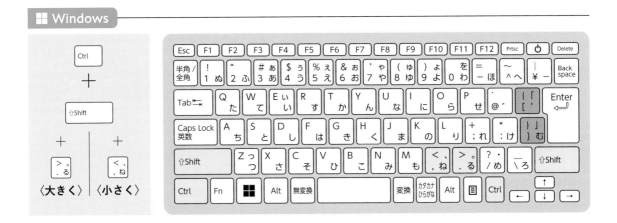

り)」、小さくするには「<（小なり）」の記号を使います。ちなみに「Ctrl／command +]・[でも、同じようにできるので、操作しやすい方を使って構いません。なお、Excel では機能しない点にご注意ください。

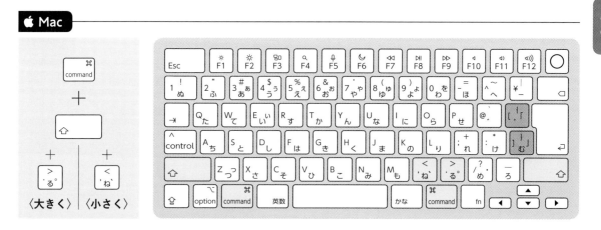

02 画面表示を拡大・縮小する

　パソコンを操作していると、「ウィンドウ内の表示を拡大したい」、逆に「全体を見るために縮小したい」、と思うことがよくあります。WordやPDFやブラウザなど、アプリケーションごとに表示を変更することもできますが、この操作一つで画面表示の拡縮が簡単にできるようになります。

　Windowsでは、Officeアプリケーションなどのメニューバーの表示はそのままに、表示されているファイルの表示が変更されます。またエクスプローラー内のファイルを、アイコン表示やファイル一覧などに切り替えること

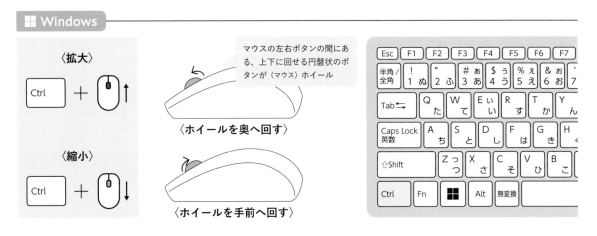

もできます。

　一方 Mac では、Office アプリケーションなどのメニューバーごと、表示を変更できます。トラックパッドを使って、「command + 2 本指を上下にスワイプ」でも操作できます。機能しない場合は、システム環境設定の「アクセシビリティ」「ズーム機能」の設定を確認してください。

🍎 Mac

〈拡大〉

〈縮小〉

※ **Windows と Mac では上下逆の操作**

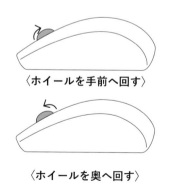

〈ホイールを手前へ回す〉

〈ホイールを奥へ回す〉

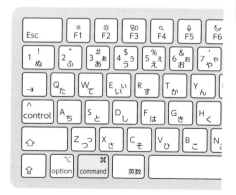

03 ウィンドウを最大化・最小化する

　ウィンドウを最大化や最小化するために、上端部にある「□」や「＿」「●」のボタンをクリックする方は多いのではないでしょうか。しかし毎回、小さなボタンにマウスポインタを合わせるのは、大変です。

　そこで Windows では、Windows キーと上下の矢印キーを組み合わせることで、段階的に最大化や最小化ができるようになります。ウィンドウを最大化にして画面いっぱいに広げたり、元のサイズに戻したり、また最小化に

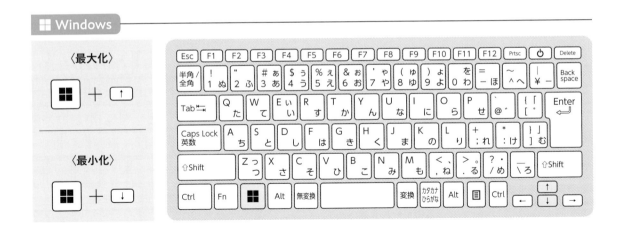

して一時的に隠したりすることが可能です。

　一方 Mac では、Fn + F で最大化（フルスクリーン）されます。もう一度同じショートカットキーで元のサイズに戻してから、command + m で最小化ができるようになります。また、Mac でウィンドウを左右に並べる方法については次の項目で紹介しています。

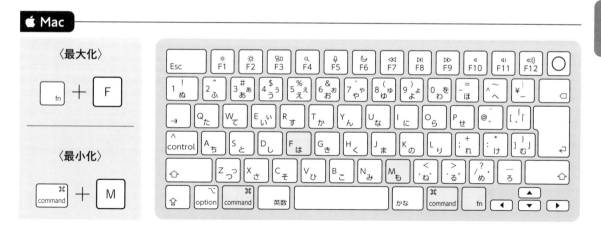

04 ウィンドウを左右に並べる

　2つのファイルを並べて作業する際、ウィンドウの端で「↔」をマウスで操作しながら表示サイズを調整することはないでしょうか。このようなときは、Windows キーと左右の矢印キーを組合せれば、画面の左半分や右半分にウィンドウを簡単に配置できます。

　例えば、画面の左側にウィンドウを配置すると、右側にはどのウィンドウを表示するか、残りのウィンドウ一覧が表示されます。また、左右どちらかに寄せたうえで前項の上下操作を行うと、右のような4分割画面のレイア

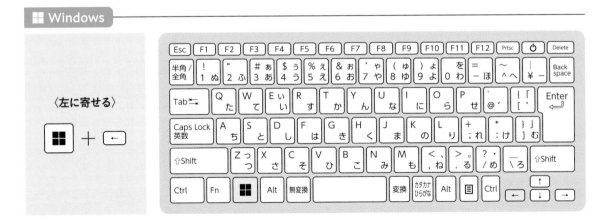

ウトにすることもできます。

　ちなみに Mac では、ショートカットキーではありませんが、アクティブウィンドウの画面左上の緑ボタンにマウスポインタを重ねて表示されるメニューから、ウィンドウを左右に整列させることができます。

3

■ Windows

〈右に寄せる〉

05 マルチディスプレイ設定を開く

　パソコンに外付けディスプレイ（モニター）を繋げて、マルチディスプレイ環境にすることがあります。このとき、外付けディスプレイにパソコンの画面をどう表示するかは、ショートカットキーから設定することができます。

　例えば、Windows で大きな画面で作業したい場合は、設定メニューから「複製」や「セカンドスクリーンのみ」を選びます。多くのウィンドウを同時に表示したいときやプレゼンテーションを行う際には、「拡張」が適してい

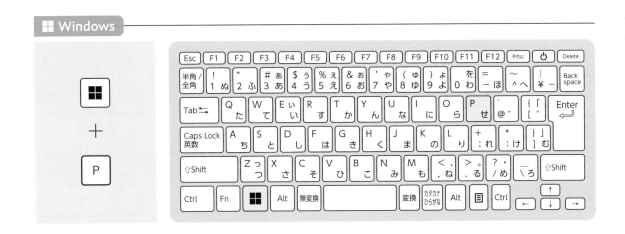

ます。Windows キーを押しながら P を何度か押し、目当てのモードで Windows キーを離します。

　一方 Mac では、ショートカットキーで「拡張ディスプレイ」と「内蔵ディスプレイをミラーリング」にモードを切り替えることができます。

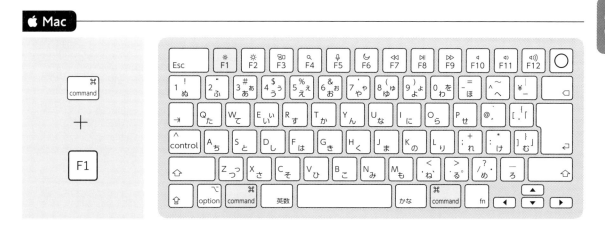

06 | ブラウザの前へ戻る・次へ進む

　インターネットを利用していると、前のページをもう一度見たいときや、戻った後に再び進みたいときがあります。通常は、ブラウザ画面の左上にある「←」「→」ボタンをクリックしますが、ショートカットキーを使うと、より簡単に行えます。

⊞ Windows

〈前へ戻る〉

Alt + ←

〈次へ進む〉

Alt + →

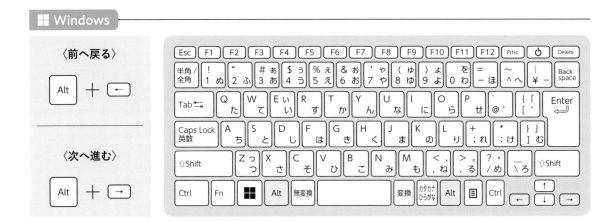

さらに Windows 限定となりますが、このショートカットキーは、エクスプローラーでのフォルダー間の移動にも使えます。ファイルを探していて、以前開いたフォルダーに戻りたい時や進みたい時にも便利ですので、ぜひ試してみてください。

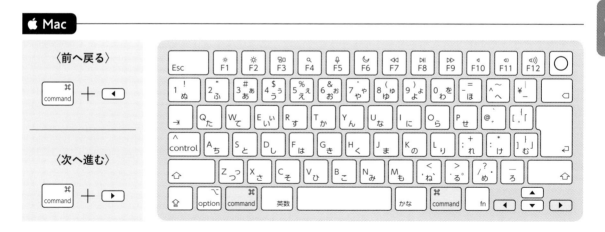

07 リンクを背面のタブに開く

　インターネットでたくさんの情報から調べものをしたいとき、効率の良い操作方法があります。まず検索結果を出したら、気になる全てのURLを新しいタブで背面に開いておくのです。これにより、左端のタブから順番に内容をチェックし、不要なタブを閉じることで、必要な情報が含まれるタブだけが残り、情報整理がしやすくなります。

　一部のリンクは新しいタブとして開く設定にはなっていますが、現在のページを確実に残したまま、新しいタブでリンクを開く方法です。マウス操作が最も単純でわかりやすいですが、マウスホイールがない場合は、Ctrl／

Windows

ホイールクリック

command + クリック
で同じ操作ができます。

Mac

ホイールクリック

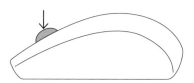

3

08 リンクを前面のタブに開く

インターネットで調べ物をしているとき、気になる URL をホイールクリックすると、前項で説明したように、現在のページの背面に新しいタブが開きます。しかしこのとき、すぐに情報を確認したいのであれば、Shift／shift キーを添えてホイールクリックしましょう。現在のページの前面に、新しいタブを開くことができます。

こちらもマウスホイールがない場合は、Ctrl／command + Shift／shift +クリックで同じ操作が可能です。

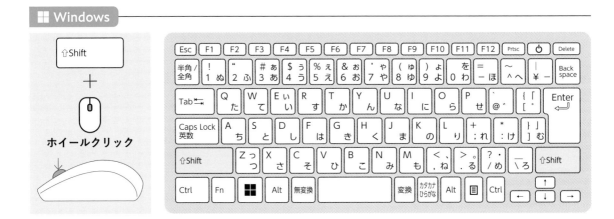

Mac

ホイールクリック

09 ブラウザのタブを閉じる

　インターネットを使っていてブラウザ上のリンクを開いていったら、いつの間にかすごい数のタブを作っていた——右のような状態があるかもしれません。整理しようにもタブの「×」を押すのがおっくうになるレベル。このようなとき、タブを閉じるショートカットキーがあります。

　アクティブなタブを対象に閉じていくので、閉じた直後に表示された内容によって判断しながら進めてください。

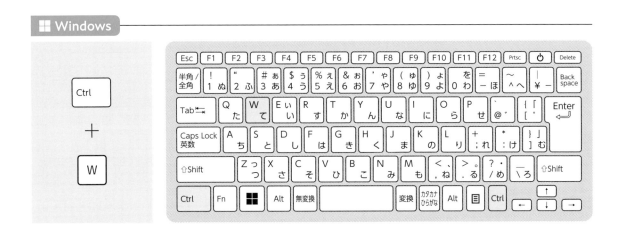

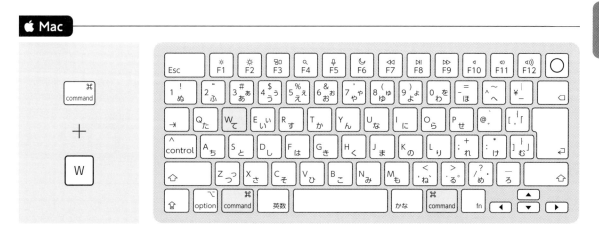

またこの操作にも、ホイールクリックが使えます。不要なタブが続く一番左端のタブ上でホイールクリックをする度、タブが閉じられていきます。

 Mac

command

＋

W

10 閉じたタブを復元する

　タブを整理している時に、間違えて必要なタブまでうっかり閉じてしまったという経験はありませんか。「時間をかけてやっと見つけた情報なのに」と慌ててしまうものの、このときは残ったタブ上で右クリックすれば、表示されるメニューから操作して閉じたタブを復元することができます。

■ Windows

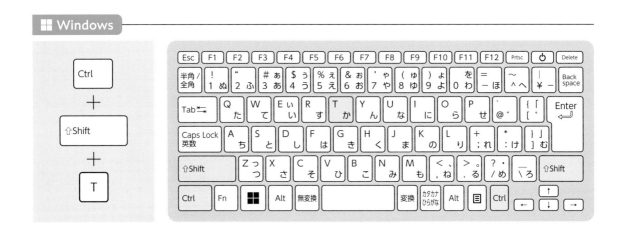

しかしこの操作をショートカットキーで覚えておけば、閉じてしまった次の瞬間にタブを復元することができます。ついクセでよくタブを閉じてしまう、という方に大変おすすめのショートカットキーです。

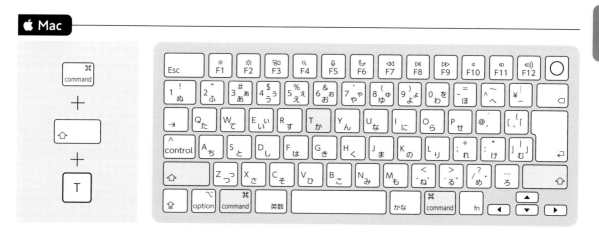

11 | ブラウザページを上下にスクロールする

インターネットを見るとき、私たちは自然と画面を上下にスクロールしながら情報を読み進めています。マウスホイールを上下にコロコロ回したり、指2本をトラックパッド上で上下にスワイプしたりしますが、実はキーボードでも対応できることはご存じでしょうか。

キーボードでスクロールする利点は、目の疲れを軽減できることです。マウスなどで少しずつスクロールすると、

Windows

〈下にスクロールする〉

〈上にスクロールする〉

⇧Shift

＋

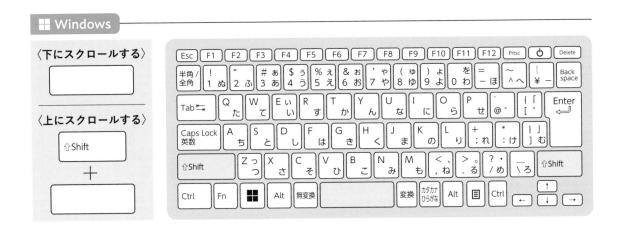

動いている文字を追う必要があります。しかし Space／space キーを使うと、一気に画面が下に移動し、静止した状態で文字を読むことができるため、目が疲れにくくなります。また Shift／shift キーを併用すると、画面を上に戻すこともできます。

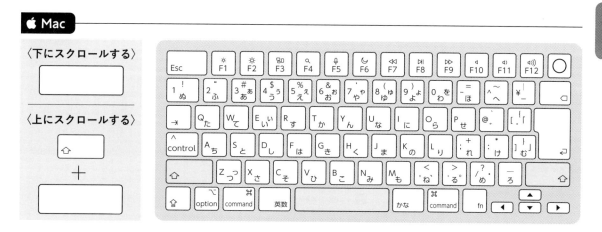

12 アプリケーションを切り替える

　私たちはパソコンを使って、多くのタスク（仕事）を同時に進行しています。Excel での作業中に、メールを返信したり、会議に参加したりと、パソコン上にはさまざまなアプリケーションで埋め尽くされていることでしょう。これらのタスクは、画面下に表示されるタスクバー／Dock で探すこともできますが、ショートカットキーで右図のウィンドウ一覧を表示すれば、いつでも切り替えることができます。常にタスクの切り替えが求められるパソコ

■ Windows

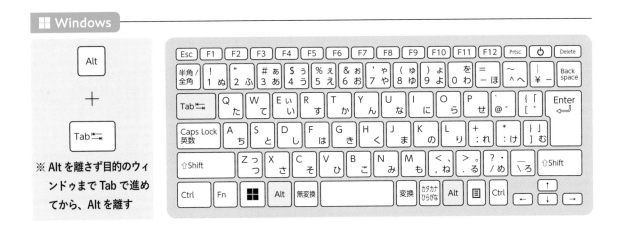

Alt

＋

Tab ⇄

※ Alt を離さず目的のウィ
ンドゥまで Tab で進め
てから、Alt を離す

ン作業では、重要なショートカットキーとなります。

Mac

+

※ command を離さず
目的のウィンドゥま
で tab で進めてから、
command を離す

13 アプリケーションを閉じる

Windows では、アプリケーションを終了する際に、画面右上にある「×」をクリックする方も多いでしょう。しかし、マウスカーソルを小さなマークに合わせる操作を、1 日に何度も繰り返すのは意外と大変です。そこでショートカットキーの出番です。この操作は「電源 OFF メニューを表示」として 1 章でもご紹介しています。

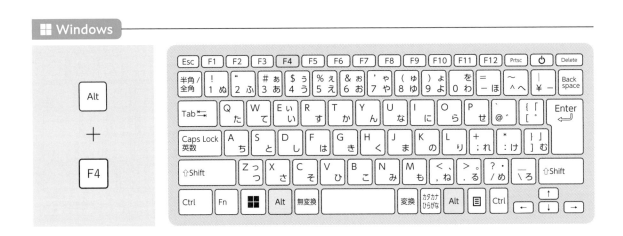

一方 Mac では、画面左上にある赤い「●」をクリックしても、アプリケーションは終了しません。タブやファイルが閉じるだけなので、プログラムごと終了するには、このショートカットキーが不可欠となります。

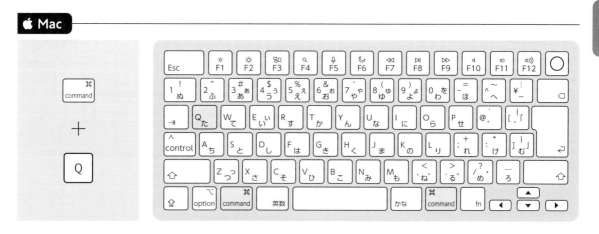

135

14 プロパティを表示する

ファイルやフォルダーがいつ作られたものかを確認したり、画像データのサイズや解像度を調べたりするとき、ファイルの情報を表示して確認する方法があります。

対象のファイルを選び、右クリックのメニューから「プロパティ／情報を見る」で確認もできますが、こちらも

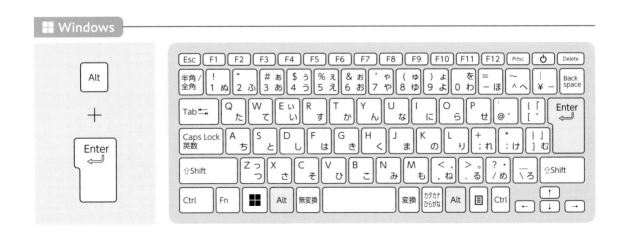

ショートカットキーが存在します。

　なお、これは Windows でのお話となりますが、複数ファイルを選択しておくと、その合計サイズも確認できるので便利です。また Excel では、セル内で改行をしたいときにも使うことができます。

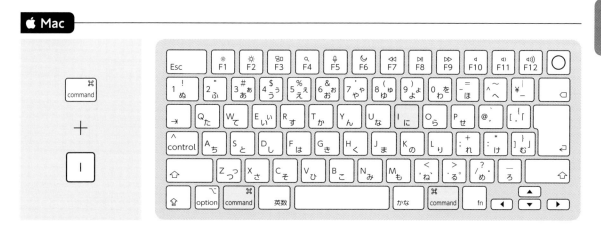

15 | ファイルのプレビュー表示 ON・OFF

　ファイルを探しているとき、似たようなファイル名が多くて、一つずつ開いてみないと中身が分からない――そんなことはありませんか。

　このショートカットキーを使うと、Office アプリケーションなどで作成された多くのファイルを、プレビュー表示できるようになります。ファイルを開くことなく探せるため、目的のファイルを効率よく見つけられます。さらにプレビュー表示されたファイルから文字や画像を直接コピーして、使用中のアプリケーションに貼り付けることもできます。

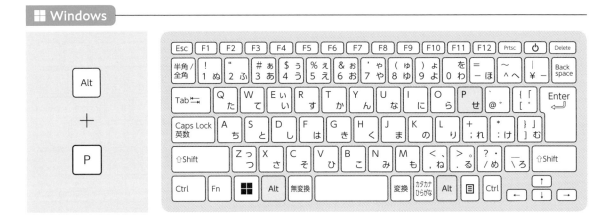

Windows では、エクスプローラーで Alt + P を押すと、常にファイルがプレビュー表示されるようになります。もう一度押すと、解除されます。

一方 Mac では、Finder だけでなくデスクトップ上のファイルにも、space キー1つでプレビュー表示できます。ファイルを開くことなく、画像の加工やトリミングなどまで行える「クイックルック」という強力なツールとして利用できます。

🍎 Mac

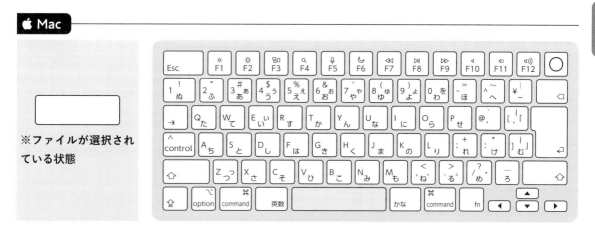

※ファイルが選択されている状態

16 ウィンドウを別モニターに移動

マルチディスプレイ設定を開く操作で「拡張」モードにした場合、拡張先へウィンドウを移動させる必要があります。ウィンドウをドラッグして移動させることもできますが、こちらもショートカットキーで操作が可能です。

この操作でウィンドウを移動すると、ウィンドウの表示サイズはそのままです。Windows ＋矢印キーを使って、操作しやすいレイアウトに整えましょう。

Windows

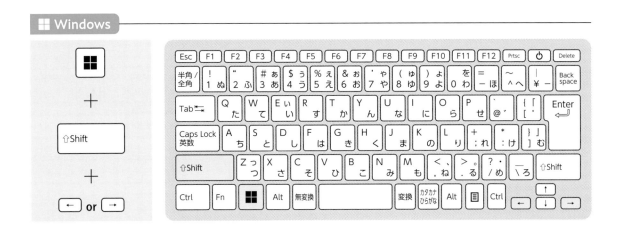

第 **4** 章

ファイルやフォルダーの
カンタン整理術!

01 新たにウィンドウを開く

　ブラウザでインターネットを見ているとき、現在の画面を維持したまま全く別の内容を検索したいときがあります。同じウィンドウ内で新規タブを開くこともできますが、毎回タブの切り替えが必要です。しかし新しいウィンドウで開くと、元のウィンドウと並べて同時に見比べることができるようになります。

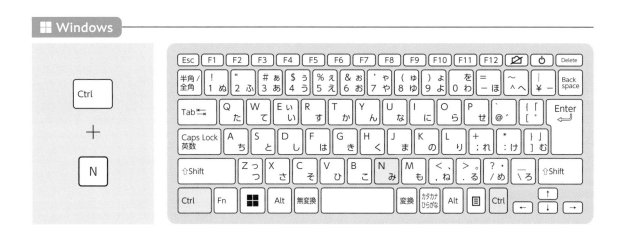

また、この操作を Office アプリケーションで使うと、新しいウィンドウで新規ファイル（白紙）が起動します。同じアプリケーションで複数のファイルを並べて作業するのにも役立ちます。

Mac

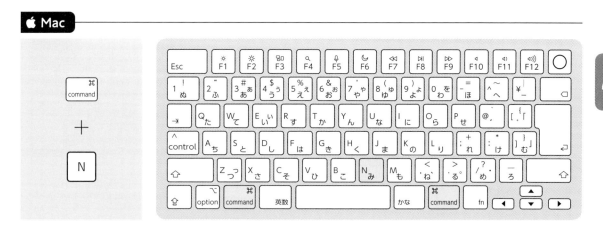

4

02 新規フォルダーを作成する

新規フォルダーの作成は、エクスプローラー／Finder かデスクトップ上で行います。作りたい場所で、右クリックのメニューからも操作できますが、ショートカットキーを使うと瞬時に「新しいフォルダー」を作成することができます。フォルダー名を入力して確定しましょう。

⊞ Windows

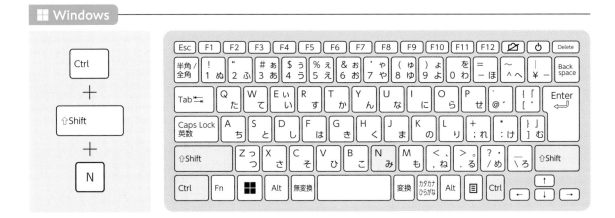

なお新規フォルダーを作成する際は、3階層くらいまでを目安にすると良いでしょう。フォルダー構造が複雑になりすぎず、ファイルを探しやすく保つことができます。

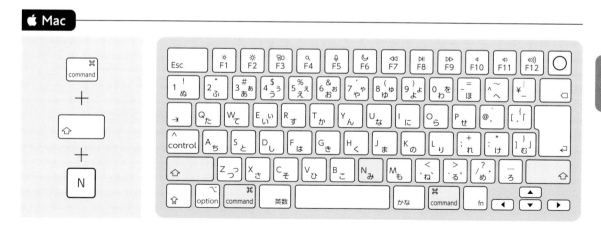

03 ファイルを開く

　資料を作成していて、他のファイルを開きたいとき、このショートカットキーを使うと、すぐにファイル一覧を表示できます。

　しかし Windows では、ファイルが使用履歴順に表示されるため、以前に使ったファイルだと、見つけるのに時間がかかってしまいます。そこで、図の「参照」をクリックすると、エクスプローラーのような画面が開きます。ファイルが探しやすくなるでしょう。一方 Mac では、最初から Finder のような画面でファイルを探すことができます。

Windows

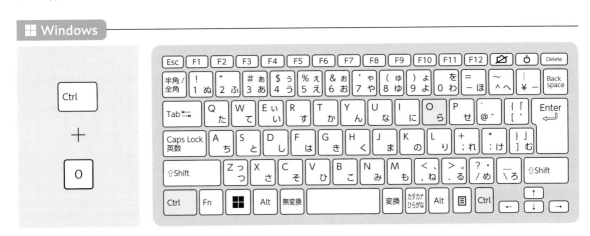

表示されたウインドウから選択できる

「参照」をクリック

Mac

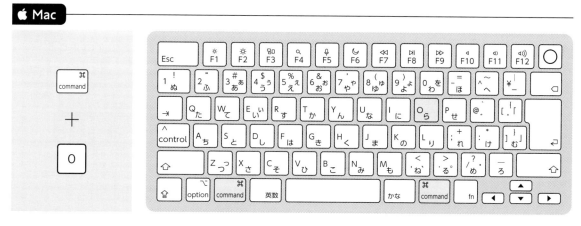

4

04 ファイルを保存する

資料を作成しているとき、つい途中でファイルを保存せずに作業を続けてしまうことがあります。アプリケーションを終了するときに「保存しますか？」と確認はされますが、できるだけ小まめに保存するクセを身につけたいところです。パソコンがフリーズして、強制終了しなければならないといった不測の事態が起こり得るからです。

前項の「ファイルを開く」と同様、このようなファイル操作はすべて［ファイル］タブから行えますが、ぜひ

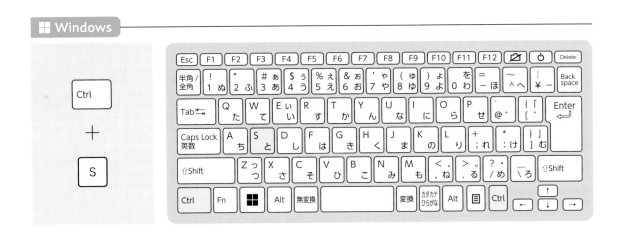

ショートカットキーで操作できるようになりましょう。使用頻度が高く、操作の意味する頭文字（O=Open や S=Save など）を使うので覚えやすいです。特にこの操作は習慣化して、大切なデータを失ってしまうことがないようにリスク管理しておきたいですね。

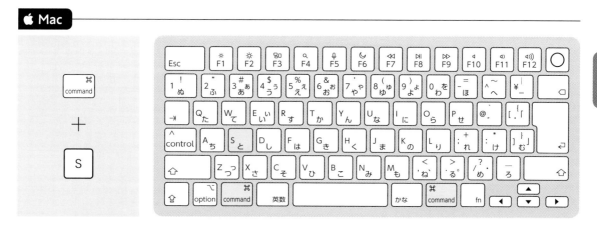

05 ファイルを印刷する

印刷メニューを即座に呼び出すことができる便利なショートカットキーです。表示される印刷プレビューで、用紙にデータが収まっているかなど設定を確認しましょう。問題がなければ、Enter／return キーで印刷がはじまります。もし印刷設定に変更を加えたい場合や、印刷をキャンセルしたい場合は、Esc／esc キーで元の編集画面に戻ることができます。

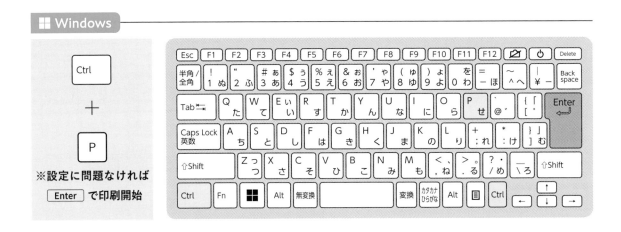

Ctrl ＋ P

※設定に問題なければ Enter で印刷開始

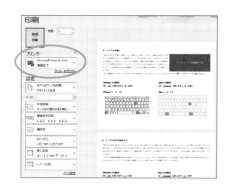

　印刷可能なアプリケーションが対象なので、Office アプリケーション以外にも、PDF やブラウザでも機能します。Windows ではプリンターの種類を「Microsoft Print to PDF」に変更すると、PDF ファイルとして出力することもできます。

Mac

06 離れたファイルを複数選択する

フォルダー上で整理、例えば「移動（P.158）」や「削除（P.162）」を行う際は、複数のファイルをまとめて選択して操作できると効率的です。ここでは離れた場所にある複数ファイルの選択方法をお伝えします。

最初のファイルをクリックで選択し、続いて Ctrl／command キーを押しながら順番にファイルをクリックしていきます。この操作により選択されたファイルは、いずれか 1 つをドラッグすれば、まとめて移動します。

■ Windows

この選択方法は、ファイルだけでなく、文字や図形、さらに Excel のセルやシートなど様々な場面で使えますので、ぜひ便利に活用してください。

離れた表示のファイルが選択できる

☑ 📗 顧客管理.xlsx

📗 お見積書.xlsx

☑ 📗 売上データ.xlsx

📗 在庫管理.xlsx

☑ 📗 商品管理.xlsx

 Mac

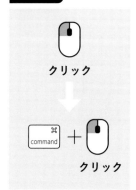

クリック

⌘ command

クリック

4

07 連続したファイルを複数選択する

　連続したファイルの選択には、ドラッグが便利ですが、正確に選択することが難しい場面もあります。より確実に選択するためには、キーボードでの操作をおすすめします。

　最初のファイルをクリックで選択し、次に Shift／shift キーを押しながら最終のファイルをクリックします。そうするとその間にあるすべてのファイルが自動的に選択されます。

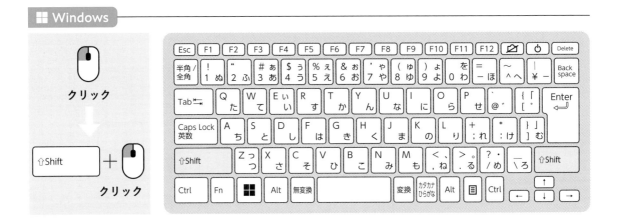

この選択方法は、ファイルだけでなく、文字や、Excel の
セルやシート、PowerPoint のスライドなどに幅広く使えま
すので、ぜひ活用しましょう。

並んだファイルを
まとめて選択できる

☑ 📗 顧客管理.xlsx

☑ 📗 お見積書.xlsx

☑ 📗 売上データ.xlsx

☑ 📗 在庫管理.xlsx

☑ 📗 商品管理.xlsx

 Mac

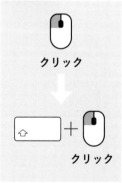

クリック

⬇

△ + 🖱

クリック

08 ファイルをゴミ箱へ移動

　もう使わないファイルやフォルダーを削除する際、皆さんはどのような操作をされているでしょうか。ファイルをドラッグしてゴミ箱のアイコンまで運ぶでしょうか？　それとも右クリックのメニューから「削除」を選んでいるでしょうか？　いずれにしても一つひとつのファイルをこれらで操作するのは大変な作業です。

　そこで、ファイルやフォルダーを削除する際は、最初に不要なファイルをまとめて選択しておきましょう。そう

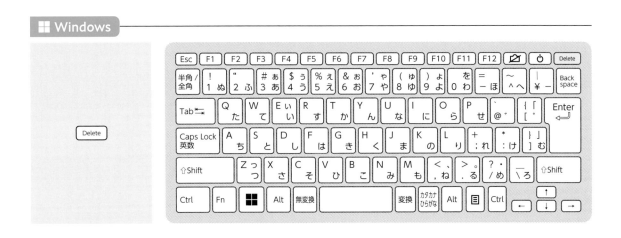

するとショートカットキーで簡単にゴミ箱へ移動できます。

　万が一、ウッカリ必要なファイルまで削除してしまった場合にも、直後に Ctrl ／ command ＋ Z で操作を元に戻せば、ファイルは復元されます。セットで覚えておくと、ファイルを楽に片づけられるようになります。

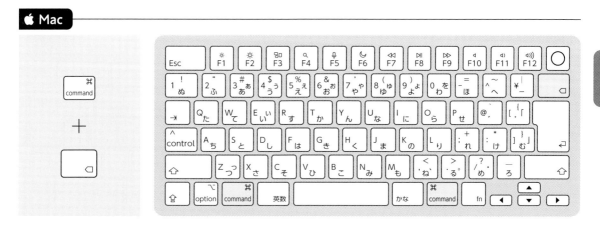

09 ファイルを完全に削除する

Windowsには、ファイルをゴミ箱に入れず、直接削除するショートカットキーが存在します。ゴミ箱にある ファイルはパソコンに残っている状態なので、「もう一度使いたい」となったときに取り出すことができます。し かし、この操作はパソコンから完全にファイルを削除します。元に戻すことができないため、慎重に操作してくだ さい。

◼ Windows

⇧Shift

＋

Delete

10 ファイルを複製する

　Mac のみの機能ですが、特定のファイルをコピーして使いたいときに、コピー＆ペーストを一度に行うことができます。ファイルを選択し、このショートカットキーを使うと、同じフォルダー内にファイルが複製されます。複製元と区別ができるよう、すぐにファイル名を変えましょう。

　他にも、図形や PowerPoint で選択中のサムネイルなど、瞬時に複製できて便利です。

Mac

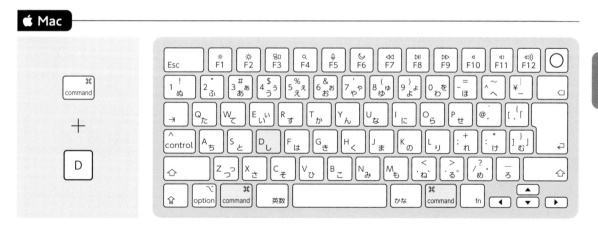

11 ファイルをドラッグでコピーする

　通常、ファイルを別のフォルダーへドラッグすると、ファイルは移動して元のフォルダーからなくなります。しかしこのとき、Ctrl／command キーを押しながらドラッグすると、ファイルを複製することができるようになります。同じフォルダー内にも複製できます。ファイルが複製されたのを確認したら、Ctrl キーを離しましょう。

Windows

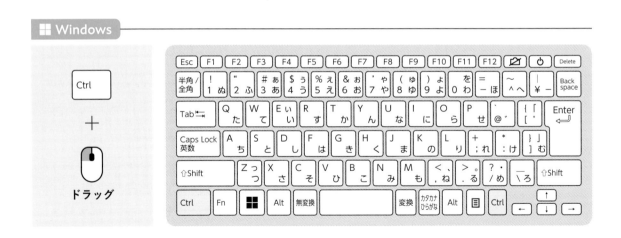

Ctrl

＋

ドラッグ

Mac では複製のショートカットキーに command + D がありますが、向こうは同じフォルダー内に作成されます。別のフォルダーに複製したい場合は、こちらの操作を使いましょう。

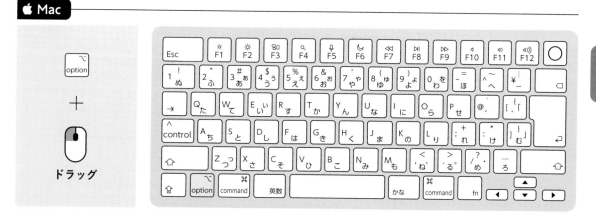

12 ファイルを USB メモリに移動する

　通常、パソコン内のファイルを別のフォルダーへドラッグすると、前項で説明したようにファイルは移動して元のフォルダーからは消えます。しかし USB メモリや外付けディスクなど、パソコン外部にあるフォルダーへファイルをドラッグすると、データの安全性を守るために、ファイルは移動ではなくコピーされます。

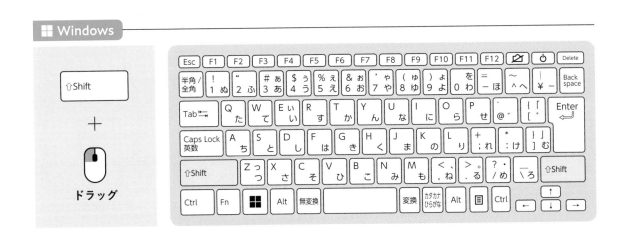

そのため、パソコン外部へファイルを残さず移動させたいときには、Shift／command キーを押しながらドラッグする必要があります。これにより、パソコン内のファイルが削除され、パソコン外部へファイルを移動できるようになります。

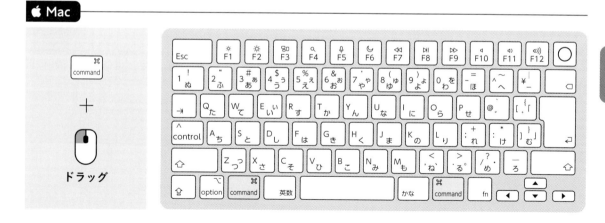

13 フォルダー階層を移動する

エクスプローラー／Finder で目的のファイルを探すときに、フォルダーの階層を行ったり来たりすることがあります。ウィンドウ左上にある矢印マークをクリックして、「戻る」「進む」などの操作をする方も多いのではないでしょうか。

Windows の場合、この操作は、Alt ＋左右の矢印キーで操作できます。また一つ上の階層へ移動するには Alt

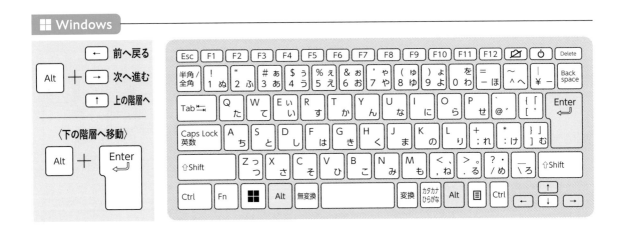

＋上矢印キーを、一つ下の階層へは Enter キーを使います。

一方 Mac の場合は、少し複雑になりますが、command ＋ ［・］で「戻る」「進む」ができます。上下の階層
へ移動するには、command ＋上下の矢印キーを使います。

![Mac] Mac

4

14 | ショートカット／エイリアスを作成する

パソコン内のファイルを素早く開く手段として、「ショートカット／エイリアス」を作成しておくと便利です。毎日使うようなエクスプローラー／Finderでは、フォルダーを移動しながらファイルを開くのは大変だからです。デスクトップにショートカット／エイリアスがあると、目的のファイルやフォルダーをすぐ開くことができるようになります。

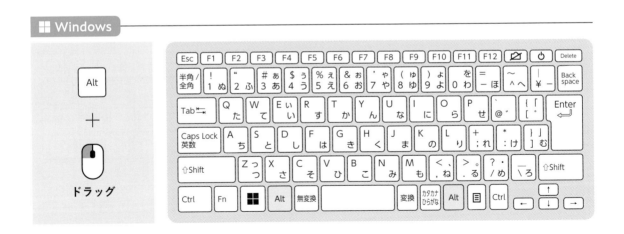

右クリックのメニューから作成する方法もありますが、それだと同じフォルダー内につくられてしまいます。Alt／command + option キーを押しながら、目的のファイルをデスクトップにドラッグすると、効率よくショートカット／エイリアスが作成できます。

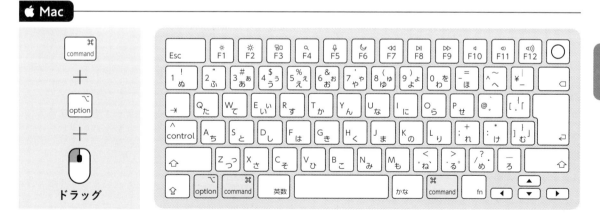

◆ 保存ミスでも安心の復元設定をしよう

　私たちがどれだけ気をつけても、保存せずにファイルを閉じる、急にパソコンがフリーズして保存できなかったということが起こります。そのようなときに慌てないよう、ファイルの復元設定ができていると大変心強いです。

　Windowsでは［ファイル］タブの「情報」→「バージョン履歴」を、Macでは［ファイル］タブの「バージョン履歴の表示」をクリックしましょう。すると画面の右側にバージョン履歴が開きます。ここから必要なファイルを復元したり、古いバージョンに戻したりすることができますが、この機能を利用するには2つの条件があります。

・ファイルが「OneDrive」または「SharePoint」に保存されていること。
・自動回復機能がオンになっていること。

　これらの設定は、Windowsでは［ファイル］タブの「オプション」「保存」「次の間隔で自動回復用データを保存する」を、MacではCommand＋, で開く環境設定の「保存」「自動回復用データを保存する」をそれぞれオンにします。

　なお、Windowsでは上記設定がオフでもファイルの自動保存がオンで、ある程度作業していれば「情報」→「文書の管理」にファイル履歴が表示されます。一部でも残っていれば再開はしやすいので、あきらめずに探してみてください。

第 **5** 章

もっと便利に!
ファンクションキー大解剖

〈Windows〉		〈Mac〉	
F1	サポートやヘルプメニューを開く	F1	画面を暗くする
F2	ファイル名を変更する	F2	画面を明るくする
F3	検索機能を呼び出す	F3	Mission Control を開く
F4	操作を繰り返す	F4	Spotlight 検索を開く
F5	Web ページを更新する	F5	音声で入力する
F6	全角ひらがなに変換	F6	おやすみモードを切り替える
F7	全角カタカナに変換	F7	トラックを戻す
F8	半角カタカナに変換	F8	トラックの再生・一時停止
F9	全角アルファベットに変換	F9	トラックを進める
F10	半角アルファベットに変換	F10	ミュート・ミュート解除する
F11	全画面表示にする	F11	音量を下げる
F12	ファイルの名前を付けて保存	F12	音量を上げる

サポートやヘルプメニューを開く

Windows のファンクションキーは、主に Office アプリケーションや文字入力を楽にするために使われます。例えば F1 キーは、Word や Excel などで操作方法のわからない機能があったときに押せば、アプリ内でヘルプが開きますし、デスクトップ上で押せば図のようにブラウザが起動します。「問合せアプリを開く」をクリックするとサポート画面へ移動します。F1 キーが機能しないときは Fn キーで切替えてください。

■ Windows

画面を暗くする

Mac のファンクションキーは、パソコン本体の設定を調整するために使われ、キーの上段にあるイラスト通りに機能します。例えばこの F1 キーでは、ディスプレイの明るさを下げる調整をします。

また Mac で、Fn キーを押しながらファンクションキーを使うと、Windows での機能の多くを使うことができます。機種やバージョンによって再現できないものもありますが、便利な機能が多いので、ぜひ試してみてください。

Mac

5

F2 | ファイル名を変更する

F2 キーで、ファイル名を変更することができます。

　ファイルやフォルダーを選択して F2 キーを押すと、ファイル名が青く反転します。このとき文字を入力すると、反転された文字は削除され、入力した文字に置き換わります。ファイル名を残したい場合には、入力する前に右矢印キーを 1 回押せば、青い反転を解除しファイル名の後ろに文字を追加することができます。

　また、Excel では F2 キーを押すと、セル内の文字編集が可能になります。こちらも覚えておくと便利です。

Windows

画面を明るくする

F2 キーでは、ディスプレイの明るさを増す調整を行うことができます。

また Mac で Fn + F2 を使うと、Windows のように Excel でセルの編集ができるようになるので便利です。ただし Windows でできる「ファイル名の変更」は、Mac では return キーで行えますので、対応はしていません。

Mac

5

F3

検索機能を呼び出す

F3 キーで、検索機能を呼び出すことができます。

ブラウザで調べ物をしているときや、エクスプローラーでファイルを探しているときに機能します。キー1つで検索バーが表示されて、入力ができるようになります。

F3 | Mission Control を開く

F3 キーで、Mission Control（ミッションコントロール）を開くことができます。

Mission Control とは、Mac の標準機能で、現在使用しているアプリケーションのすべてのウィンドウを、一画面で表示してくれます。操作したいウィンドウをクリックすると、最前面に表示されるので、ウィンドウの切り替えに便利です。ウィンドウを視覚的に探しやすくなるため、Mac ユーザーはぜひ覚えておきたい機能です。

この操作は、トラックパッド上で三本指を上にスワイプして開くこともできます。

Mac

操作を繰り返す

F4 キーでは、1 つ前の操作を繰り返すという Ctrl + Y と同じ機能を操作することができます。

例えば、Excel で行を挿入した後にほかの行でも挿入する、Word で文字を入力した後にほかの場所で入力するなど、F4 キー1 つで直前の操作と同じ操作を何度も繰り返すことができます。

ほかにも F4 キーには、Excel でセルを「絶対参照」に指定する重要な役割があります。

F4 — Spotlight 検索を開く

Mac ではファンクションキーのうち F4〜F6 キーに右のマークが刻印されている場合があります（2024 年 2 月現在は新しい全モデルに下図の配列のキーボードが搭載）。

通常は F4 キーで Spotlight 検索が開きますが、右図のキーの場合は Launchpad（ローンチパッド）が起動します。これはスマートフォンのホーム画面のようにアプリケーションを一覧表示し、クリックでアプリの起動や、長押しでアイコンの整理が行える機能です。

🍎 Mac

5

Web ページを更新する

F5 キーは、ブラウザのページを更新（リロード）することができます。

Web ページにはアクセスした時点の情報が表示されますが、次々に報道が入るニュースや株価情報では、すぐに情報が古くなってしまいます。そこで F5 を押すと、現在のページが更新され最新の情報が取り込まれます。

また、Word と Excel では、カーソルやセルの移動を瞬時に行い（ジャンプ機能）、PowerPoint では「スライドショーを最初から開始」することができます。

■ Windows

F5 音声で入力する

F5 キーは、マイクの機能が起動し音声入力ができます。

また F5 キーが右図のキーの場合は、キーボードのバックライトを暗く調整します（バックライト機能が付いている機種に限る）。ただし右図のキーでも、設定すれば音声入力が使えるようになります。大変便利な機能ですので、同じく音声入力機能について紹介した P.107〜108 を参考に設定しておきましょう。

Mac

5

F6

全角ひらがなに変換

Windows ではファンクションキーのうち、F6~F10 キーまでは、日本語入力モードでできる文字変換の操作になります。通常、これらのキーは文字を入力してから変換のために使いますが、実は、確定した文字に対して再変換することも可能です。ただし再変換の機能は、Excel と Mac にはありませんのでご注意ください。

F6 キーは、入力中の文字をひらがなへ変換しますが、通常は Enter／return で確定した方が早いです。しかし漢字などを含む文字を選択して F6 キーを押すと、確定した文字でも瞬時にひらがなに再変換されるようになります。

■ Windows

F6 | おやすみモードを切り替える

F6 キーは、おやすみモードのオンとオフを切り替えます。

おやすみモードとは、集中モードの1つで、アプリからの通知をオフにし作業に集中できる環境を作ります。おやすみモードをオンにすると、画面右上に「☾」マークが表示され、クリックすると集中モードの設定画面が開きます。「1時間」や「今日の夜まで」など期間をワンクリックで選ぶことができます。

また F6 キーが右図のキーの場合には、キーボードのバックライトを明るく調整します。

🍎 Mac

全角カタカナに変換

F7 キーは、入力中の文字を全角カタカナに変換します。そして、選択した範囲を一瞬で全角カタカナに再変換することができます。

また Office アプリケーションを操作しているとき、何も選択していない状態で F7 キーを押すと「エディター」が起動します。これは、文章や文法のスペルチェックを行ってくれる校正の機能となります。

F7 | トラックを戻す

　Mac ではファンクションキーのうち、F7〜F12 キーまでは、音楽などのメディアコントロールキーとして設計されています。直感的で使いやすいため、私たちは迷わず操作することができます。

　F7 キーは音楽プレーヤーにおける ◁◁ のことで、プレイリストやアルバム内で「トラックを戻す」「前の曲に戻る」ことができます。音楽を聴いている際に、今流れている曲の最初から、またその前の曲を再び聴きたい時に使用します。

🍎 Mac

5

半角カタカナに変換

F8 キーは、入力中の文字を半角カタカナに変換します。そして、選択した範囲を一瞬で半角カタカナに再変換することができます。

また Word と Excel で F8 キーを押すと、選択モードになります。矢印キーだけで、範囲を選択することができるようになります。Shift／shift ＋矢印キーでも文字の選択はできましたが、F8 キーを使うと片手だけで済ませられます。選択モードは Esc／esc キーで解除しましょう。

トラックの再生・一時停止

F8 キーは、音楽プレーヤーではお馴染みの「再生」および「一時停止」の機能です。

このキーはとても便利で、音楽だけでなく、YouTube や動画ファイルなどにも機能します。パソコン画面の小さな再生ボタンにマウスポインタをあわせることなく、「再生」と「一時停止」を手元で楽に切り替えられるようになります。なお、space キーにも同じ機能が割り当てられています。

🍎 Mac

5

F9 全角アルファベットに変換

F9 キーは、入力中の文字を全角アルファベットに変換します。そして、選択した範囲を一瞬で全角アルファベットに再変換することができます。

F9 キーが F6〜F8 キーと一線を画すのは、そのままローマ字入力していたら一部が日本語になってしまった場合でも、F9 キーを押すとすべて英字に変えてくれる点です（例：うぃんど ws → windows）。ぜひ活用してください。

Windows

F9 トラックを進める

F9 キーは、音楽プレーヤーにおける▷▷のことで、プレイリストやアルバム内で「トラックを進める」「次の曲に進む」ことができます。

例えば、作業中の BGM として音楽を聴いているときに、新しい曲を探索したくなったり、再生中の曲をスキップしたくなったりするときに使用します。

Mac

5

F10

半角アルファベットに変換

F10 キーは、入力中の文字を半角アルファベットに変換します。そして、選択した範囲を一瞬で半角アルファベットに再変換することができます。

また F9 キー（全角アルファベット）と F10 キー（半角アルファベット）は、キーを何度か押すことで、「小文字→大文字→頭文字大文字」とアルファベットの種類を切り替えることができます。特に半角の英数字は、入力でもよく使いますので、ぜひ活用しましょう。

F10 | ミュート・ミュート解除する

　F10 キーは、パソコンの音量をミュート（無音）にすることができます。

　オンライン会議中や動画編集の際に、急に周囲を気にしなければならなくなったときは F10 キーを押しましょう。すぐにミュートにすることができ、もう一度押すとミュートが解除されます。

　また音が出ないというトラブルの際には、F10 キーを押してみて、ミュートのままになっていないかを確認してみてください。

**　Mac** ────────────────────────────────

F11

全画面表示にする

F11 キーでは、ブラウザのウィンドウを全画面表示することができます。

ただし、タブやウィンドウの境目まで見えなくしてしまうので、使う用途は限られているかもしれません。表示を元に戻す場合は、もう一度 F11 キーを押してください。

また Excel では、グラフを新しいシートで挿入することができます。データを選択して、F11 キーを押すだけです。さらに Shift／shift ＋ F11 で新しいシートだけを挿入することもできます。

F11 | 音量を下げる

F11 キーは、パソコンの音量を徐々に下げることができます。

このキーでは、16 段階もの音量調整が可能になります。なお、最も小さな音の状態で F11 キーを押すと F10 キーを押したときのようにミュートとなります。

また、Fn + F11 にはデスクトップ表示の機能が割り当てられています。

 Mac

F12 ファイルの名前を付けて保存

F12 キーを押すと、「名前を付けてファイルを保存する」画面を表示します。

第 4 章で紹介したファイルの保存 Ctrl／command ＋ S は、「上書き保存」でした。しかし F12 キーを使うと、新しいファイルとして「新規保存」することができます。Excel などで作業していて、元のデータを残したまま、新しい名前で保存したい場面で使います。この操作は、ファイルを作成するたびに必要ですので、ぜひ使っていきましょう。

Windows

F12 音量を上げる

F12 キーは、パソコンの音量を徐々に上げることができます。

ミュートの状態から F12 キーを押していくと、ミュートは解除され、音量が 16 段階で調整できます。すでに充分ではありますが、option + shift キーを同時に押しながら、F11 キー（音量を下げる）か F12 キー（音量を上げる）を押すことで、さらに 4 段階（全部で 64 段階）の微調整ができるようになります。ユーザーが思い通りに音楽や動画などを制作できるよう、細やかな配慮やこだわりが垣間見られる機能ですね。

Mac

5

監修者紹介

大林ひろこ
パソコンサポート OVA 代表

1990 年 IT 企業に PC インストラクターとして入社し、講師歴は 20 年を超える。
もともと機械オンチだった自身の経験を生かし、専門用語をわかりやすい言葉で伝える指導力に定評あり。
2019 年には「目の前の人が笑顔になるサポート」を使命に、フリーランスとして活動を開始。日本最大級の学びのマーケット「ストアカ」で、コロナ渦の 3 年間にわたり 1,000 件を超えるオンラインレッスンを実施。さらに法人向けカスタマイズ研修や、パソコン書籍の執筆、専門学校で留学生向け Office 授業を担当。マウスやショートカットキーなどの時短テクニックを取り入れ、楽しく学べるカリキュラムづくりに尽力している。著書に「疲れないパソコン仕事大全（技術評論社）」。

パカッと開く！　ショートカットキー＆キーボード術

2024 年 3 月 30 日　　初版第 1 刷発行

監 修 者 ── **大林ひろこ**
　　　　　　©2024 Obayashi Hiroko
発 行 者 ── **張 士洛**
発 行 所 ── 鸙**日本能率協会マネジメントセンター**
　　　　　　〒 103 - 6009　東京都中央区日本橋 2-7-1 東京日本橋タワー
　　　　　　TEL03（6362）4339（編集）／03（6362）4558（販売）
　　　　　　FAX03（3272）8127（編集・販売）
　　　　　　https://www.jmam.co.jp/

装　　丁 ── 山之口正和（OKIKATA）
本文組版 ── 株式会社明昌堂
印 刷 所 ── シナノ書籍印刷株式会社
製 本 所 ── 株式会社新寿堂

ISBN 978-4-8005-9191-3　C2034
落丁・乱丁はおとりかえします。
PRINTED IN JAPAN

Excel® ビジネススキル検定
公式テキスト

サーティファイ
ソフトウェア活用能力認定委員会 監修

B5判／240頁

本検定唯一の公式教材であり、スタンダード級・エキスパート級に対応。それぞれの解説・課題演習・模擬問題各1回分を収録しています。ダウンロード特典ともなっているExcelの素材により、確認・操作をしながら効果的に学習を進められます。

Excel®

ビジネススキル検定
公式テキスト

Excel® Business Skills Qualification Test

サーティファイ ソフトウェア活用能力認定委員会 監修

速く、正確に

[**課題解決型の新資格**]
現場で活き、ビジネスに役立つ

**本書と本検定により、応用力と思考力が身につき、
実践的なスキルを習得できます。**

日本能率協会マネジメントセンター